직장인의
감정수업

상사와 일에 흔들리지 않는 마음의 기술

직장인의 감정수업

이주희 지음

RHK
알에이치코리아

프롤로그

안달 내지 말고, 주눅 들지 말고

21년, 회사를 다녔다. 그 지난한 시간 동안 회사는 나에게 일용할 양식을 제공했고 나는 '자아실현'이라는 고차원적 욕구를 해결했다. 나의 소박한 능력은 회사의 성장과 발전에 밑거름이 되었다고 어림한다(아무튼 그렇게 주장한다).

많은 좌절과 작은 성공을 경험하며 세상을 살아가기에 적당할 만큼 다듬어졌다. 물론 그 희로애락의 기억에는 윤기가 흐르는 곳도, 거칠게 패인 상처도, 원래는 단단했으나 아예 흔적조차 없어진 곳도 있다.

'21년', 처음부터 결심하고 덤빈 건 아니었다. 무엇에든 절대 얽매이지 않을 자신이 있었다. 그러나 조금씩 분노하고 기뻐하는 일이 잦아졌다. 화가 났고 질투심이 이글거렸고 조바심이 났다. 처음엔 남 얘기하듯 수다를 떨었지만 다음날에는 일기를 썼고 그 다음날에는 혼자 중얼거렸고 그 다음 다음날에는 애꿎은 소주잔을 잡았다.

폭풍 같은 분노가 치밀었다가 가라앉았고 바닥을 치는 슬픔이 밀려왔고 생전 느껴보지 못한 적개심도 스멀스멀 피어올랐다. 그러면서도 강자인 척 약자들을 몰아세우는 내 모습에 흠칫 놀랐고 낮은 칭찬에도 거들먹거리는 가벼운 마음에 다시 실망스러웠다. 작은 성공에는 자만심까지 피어올랐다. 공명정대한 마음은 사라졌다.

이런 요란스런 마음을 티 내지 않으려고 노력했으나 그 돌부리에 넘어지는 건 늘 나였다. 탑처럼 쌓기만 할 게 아니라 적당히 비워낼 줄도 알았어야 했는데 모든 것을 저금해 버린 것이다.

우리는 늘 누군가와 가볍거나 다소 무거운 싸움을 하며 살아간다. 육탄전이라면 어렵지 않게 판의 규칙을 읽어내련만 모두가 눈에 보이지 않는 주먹을 날리고 있으니 싸움은 의지와 상관없는 공식들로 움직인다.

싸움에서 지는 것은 힘이 약하기 때문만은 아니다. 상대가 걸어오는 싸움보다 내 마음이 너무 늦게 성장하기 때문이다. 순간순간의 상황을 읽고 이겨내는 마음의 근육을 키워야 하고, 적절한 시기에 비워내는 감정 샤워도 필요하다. 그래야 상사의 꼼수에도 회사가 놓은 덫에도 나만의 깡으로 버틸 수 있다.

회사 생활, 단언컨대 쉽지 않다. 선한 의도가 나쁜 결과가 되기도 하고 나쁜 의도가 선한 결과가 되기도 한다. 좋은 사람이 실패하기도 하고 나쁜 사람이 성공하기도 한다. 절대적인 정답도 앵글만 바꾸면 치명적인 오답이 되는 것이 회사 생활이다.

남이 짜 놓은 판에서 허우적대지 않으려면 내 감정부터 다잡는 게 먼저다. 야무지고 당당해지지 않으면 나중에는 능력이 아니라 내 감정에 걸려 넘어진다.

이제 지난 21년 동안 구르고 부딪혀온 실전의 이야기를 풀어, 먹기 좋게 요리해 대접하려고 한다. 달면 뱉고 쓰면 삼키면 된다.

요리의 재료는 '직장인의 감정, 관계, 착각'이다.

좋은 결과도 나쁜 의도도 모두 감정에서 시작한다. 나의 '감정'을 제대로 지키는 것이 첫 번째다. 아무것도 아닌 일을 무시무시하게 만드는 것은 가다듬지 못한 감정 때문이다. 건드리기만 해도 쓰러질 것 같은 얼굴로 세상을 다닐 수는 없다.

다음은 '관계'다. 다양한 사람들이 모여 오랜 시간 공동의 목표를 위해 일하는 우리는 늘 관계의 함정에 빠진다. 실체 없는 서열과 줄이 생기고 소리 없는 권력이 움직인다. 겁부터 먹지 말고 나에게 유리한 상황으로 국면전환을 시도해야 한다.

마지막으로 '착각'의 늪에 풍덩, 몸을 던지지 않기 바란다. 눈치 없이 열심히만 살면 인생을 송두리째 바쳤지만 바람나 떠난 나쁜 남자의 아내 신세가 될 수도 있다.

경험을 글로 옮기는 것은 참으로 두려운 일이다. 논리 없는 푸념처럼 들릴 것이다. 더욱이 식견이 부족하여 조잡한 시각으로 판단하는 오류를 범했을지도 모르겠다. 사람마다 상황과 입장이 다른데, 무 자

르듯 뱉어낸 쓴소리도 마음에 걸린다. 그래도 변명하자면 '선수와 코치의 역할은 다른 법이니깐.'

모든 코치가 최고의 선수였던 것은 아니니까 말이다.

지난 21년 동안 현장에서 보고 느낀 것들을 끄집어내니 21가지의 재료가 모였다. 그 21가지의 재료들이 앞으로 묵직한 직장인으로 성장해 가는데 작은 참고서가 되길 바란다. 또한 많은 선생님들이 들어오고 나갈 당신들의 감정 수업에 좋은 강의로 기억되길 바란다. 같은 길을 먼저 걸어온 사람으로 조용한 응원을 보낸다. 안달 내지 말고, 주눅 들지 말고 성장해 나가기를.

소중한 벗이었던 선후배와 동료들에게 피해가 가지 않는 범위 내에서 각색하고 확대재생산하였으며 문득문득 떠오른 기억과 이유 있는 상상을 덧붙였다.

이주희

차례

3
착각
錯 覺
벗어나기

회사와 지옥의 관계

미국인, 아랍인, 회사원이 갑작스런 죽음으로 지옥의 문턱에서 만났다. 저승사자는 세 사람에게 마지막으로 못다 한 말을 할 수 있도록 전화 연결을 허락했다.

미국인은 가족에게 전화해 영원히 사랑한다고 했다. 저승사자는 1분 통화료로 백만 원을 요구했다. 아랍인은 알라신에게 기도하며 5분을 통화했고 오백만 원을 지불했다.

마지막으로 회사원은 회사에 전화해 업무 인수인계로 30분을 통화했다. 미국인과 아랍인은 엄청난 금액이 나올 것이라며 키득거렸다. 그런데 저승사자는 통화료로 백 원을 요구했다.

너무 싼 요금에 미국, 아랍인이 항의하자 저승사자는 이렇게 말했다.

"회사와 지옥은 한 동네, 'Local Call'이야. 국내 요금 적용이지."

등장인물

탁탁해 사원 / 대리 / 과장 / 부장 :

나쁜 의도를 가지진 않았지만 가까운 미래에 그렇게 될 확률이 높은 직장인들이다.

현명해 또는 총명해 사원 / 대리 / 과장 / 부장 :

현명하고 총명한 의도와 태도, 방법으로 직장 생활을 공명정대하게 해나가는 직장인. 비록 지금은 까칠하다는 평가를 받기도 하지만 먼 미래에 크게 성장할 직장인들이다.

김평범 사원 / 대리 / 과장 / 부장 :

그저 평범한 직장인. 누구나 '김평범'으로 시작해 누구는 '현명해'로, 누구는 '탁탁해'로 끝난다.

1

감정

感 情

다지기

감정을 묵히면 독이 된다

늘 짐을 지고 사는 사람들이 있다. 대부분의 직장인들이 성과에 대한 중압감, 복잡한 인간관계 같은 다양한 이유로 스트레스에 시달리는 것은 사실이지만, 유독 이마에 팔자를 새기며 다니는 사람들이 있다. 신중한 것은 좋지만 심각한 것은 재미가 없다. 잔뜩 찌푸린 사람과 함께 있으면 온종일 숨죽여 눈치 보느라 바쁘다. 최소한의 방어만을 생각하게 된다.

오랫동안 감정을 쌓아 두면 필요한 감정을 끄집어내는 데 너무 많은 시간이 걸린다. 지식은 쌓을수록 좋지만 감정은 제때 비워야 넘치지 않는다. 웃어야 할 때 웃지 못하니 오히려 심각한 일만 생기는 것이다. 상사의 질책, 동료의 무시, 이 모든 것을 머리에 이고 있다가는 언젠가 땅으로 꺼져 버릴지 모른다.

감정에도 좋은 곰팡이가 있고 나쁜 곰팡이가 있다. 사랑과 정은 익으면 익을수록 그 맛이 더해지는 효소가 되지만 분노, 미움, 질투심은 묵히면 묵힐수록 독이 된다. 거기에다 지금 일어나지도 않은 일까지 앞서 고민하면 최고로 효능 좋은 독이 만들어진다.

좋은 감정도 크게 다르지 않다. 성공의 기억, 가슴 뛰는 칭찬도 자만, 과신으로 자라나 독으로 변한다. 기억하는 것은 좋지만 잊는 것은 더 훌륭한 것이라 했다.

조선 말기에 선종禪宗을 중흥시킨 경허 스님의 이야기다. 경허 스님과 젊은 수도승이 함께 길을 가다 개울을 만났다. 개울 앞에는 물을 건너지 못해 어쩔 줄 몰라 하는 아름다운 처녀가 있었다. 처녀는 젊은 수도승에게 도움을 구했으나 젊은 수도승은 불가의 법칙을 말하며 도움을 거절했다. 처녀는 다시 경허 스님에게 도움을 청했고 경허 스님은 선뜻 처녀를 업어 개울물을 건네주고는 홀연히 갈 길을 재촉했다. 한참을 뒤따르던 젊은 수도승은 급기야 '어찌 수도하는 스님이 젊은 여자를 업을 수 있냐'며 따졌다. 그러자 경허 스님은 "이놈! 나는 벌써 그 처녀를 냇가에 내려놓고 왔는데, 네 놈은 아직도 그 처녀를 업고 있느냐?"라며 나무랐다고 한다.*

자이가르닉 효과는 '끝내지 못한 일은 마음 속에 계속 남아 있다'는 뜻으로 러시아의 심리학과 학생이던 블루마 자이가르닉과 스승인

쿠르트 레빈이 제시한 이론이다. 자이가르닉은 식당 종업원들이 수많은 주문을 정확하게 기억하는데 반해 계산이 끝나거나 서빙이 끝난 후에는 그 내용을 전혀 기억하지 못한다는 것을 목격하고 한 가지 실험을 했다. 한 그룹은 정상적으로 일을 끝내도록 설정하고 다른 그룹은 일을 마치지 못하도록 방해했다. 실험 종료 후 자신이 한 일에 대해 얼마나 기억하고 있는지 물었더니 방해를 받은 그룹이 그렇지 않은 그룹보다 더 확실하게 일의 내용을 기억했다. 하던 일을 완성하거나 목표를 달성하면 쉽게 그 내용을 잊지만 그렇지 못한 경우는 미련으로 남아 오래 기억하게 되는 것이다. 이루지 못한 첫사랑, 풀지 못한 시험문제가 더 오래 기억에 남는 것도 같은 이유다.**

해결하지 못한 과제는 오래 기억에 남아 샤워할 때 밥을 먹을 때 불쑥불쑥 되살아난다. 최선을 다했지만 이루지 못한 과제에는 무겁고 어두운 감정들이 덕지덕지 붙어 있다. 과제는 머리에 남겨 언젠가 해결점을 찾아야 하겠지만 거기에 붙어 있는 무거운 감정은 마음에서 떼어내 제때 버리는 것이 좋다. 어두운 감정에 가려 문제를 볼 수 없기 때문이다.

건강하려면 운동도 해야 하지만 장도 잘 비워야 한다. 그래야 더 좋은 음식을 먹을 수 있다.

---

* 〈성공한 사람들의 자기관리 법칙 1·2·3, 이채윤, 바움〉에서 인용, 재구성
** 〈네이버 시사상식 사전〉에서 인용, 재구성

#큰일 난 줄 알았는데

탁탁해 부장은 늘 심각하다. 특별히 심각한 일이 아닌데도 회의만 시작하면 이마에 깊은 주름 세 개가 만들어진다. 부서원 모두 탁 부장의 기분부터 살피기 바쁘고 즐거운 이야기로 꽃을 피우다가도 탁 부장만 나타나면 동시에 심각한 얼굴이 된다.

"김 과장님, 왜들 저렇게 심각합니까? 부서에 무슨 큰일 있습니까?" 얼마 전 전배온 현명해 대리가 회의를 마치고 나온 김평범 과장에게 물었다. "왜? 별다른 일 없는데, 여름휴가 일정 조정했는데… 왜, 무슨 일 있대?" 더 놀란 건 현명해 대리다. 유리창 너머의 회의 풍경은 그야말로 대형 사고라도 터진 분위기였다. 현명해 대리는 더욱 궁금해졌다. 진짜 큰일이 생기면 얼마나 더 심각해지는지.

#저 마음에 안 드셨죠?

김평범 부장은 오전에 탁탁해 대리를 야단친 것이 못내 마음에 걸려 오랜만에 부서 회식을 잡았다. 분위기 좋게 술자리가 이어질 즈음, 탁탁해 대리의 말문이 트인다. "부장님은 왜 저만 미워하십니까? 제가 뭐가 모자란다고 그러십니까? 입사해서 첫 보고서 올렸을 때 데이터 틀렸다고 뭐라 하시고 3개월 전에도 지각했다고 야단치시고 며칠 전에도 인사 왜 안하냐고 불러 세우시고, 오늘은 보고서 하루 늦었다고 야단치시고, 제가 원래부터 마음에 안 드신 거죠?"라며 5년 전 기억까지 동원해 불만을 터트린다. 주위 사람들도 난감한 표정이다.

가볍게 버리기는 고도의 전략이 필요한, 매우 난이도 높은 감정 조절 기술이다. 제대로 비우지 못하고 부패된 감정에 갇히면 자신뿐 아니라 타인과 조직 모두를 지치게 한다. 아침에 규칙적으로 화장실을 가는 것처럼 그때그때 감정을 비워낸다면 애쓰지 않아도 가벼운 마음과 밝은 얼굴을 가질 수 있을 것이다. 상대는 나의 심각한 얼굴 뒤에 숨겨진 의도에 대해 불필요한 상상을 할 필요가 없으니 계산된 접근을 하지 않아서 좋고 나 역시 상대의 말 속에 숨은 불편함을 따지지 않아도 된다.

밝은 얼굴은 남의 마음을 여는 열쇠가 된다. 명령과 통제는 손을 움직이지만 미소는 마음을 움직인다. 가벼운 감정을 가진 사람들이 모이면 다양한 의견이 나오고 이를 합의하는 과정에서 상호 이해도가 높아진다. 결과에 대한 수용성도 높아져 나중에는 조직 전체가 가벼워진다.

반대로 심각한 얼굴은 상대를 불편하게 하고 겁먹게 만든다. 심각한 것은 독단적인 결정을 낳는다. 실행의 속도는 빠를지 모르나 자신의 의견이 아니니 어려운 문제가 생기면 아무도 책임지려 하지 않는다. 나를 가볍게 하는 것은 상대를 편하게 하고 조직의 수용성을 높여 결국은 나를 자유롭게 한다.

스탠포드 대학에서 5세와 45세를 비교해 연구한 결과, 5세 때는 하루에 창조적인 과제를 98번 시도하고, 113번 웃고, 65번 질문하는 반면, 45세는 하루에 창조적인 과제를 2번 시도하고, 11번 웃고, 6번 질문했다고 한다.*

웃고 질문하는 것은 마음이 가벼울 때 가능한 일들이다. 가볍지 않으면, 버리지 않으면 결국 창조하지 못한다는 얘기다. 물론 버리는 일은 모으는 일보다 어렵기는 하다.

가볍게 들어라

상사의 잦은 잔소리를 판사의 판결문처럼 해석하지 마라. 우리의 상사는 대개 강인한 리더십만이 성과를 보장한다고 믿고 살아온 사람들이다. 명령이나 통제에 익숙하다. 엄마들이 잔소리를 하는 이유는 자식을 내쫓거나 괴롭히기 위해서가 아니라 문제를 개선하기 위함인 것처럼 말이다.

탁탁해 대리는 5년 동안 김 부장에게 들은 잔소리를 독으로 쌓아왔다. 감정의 감옥에서 살았다. 잘못된 행동에 대한 지적이었는데 '상사가 인간적으로 나를 싫어해서', '괴롭히는 것'으로, 시나리오를 만들고 모든 상황을 그에 꿰어 맞췄다. 김 부장 역시 탁 대리의 이런 감정을 알아챈 순간 진심의 지적을 포기하거나 진짜로 인간적으로

* 〈상상하여? 창조하라!, 유영만, 위즈덤하우스〉에서 인용, 재구성

싫어져서 괴롭힐지도 모른다.

칭찬에도 너무 깊은 의미를 담지 마라. 칭찬은 상사가 부하에게 주는 카페인 같은 것이다. 거기에 자만, 과신을 더해서 마시면 나중에는 중독되고 건강마저 해친다. 지난번 일도, 지지난번 일도 잘했다고 칭찬했으면서 결국 고과를 이것밖에 주지 않느냐고 김 부장에게 배신감을 느끼면 곤란하다.

고과는 1년간의 모든 일들을 합쳐서, 그것도 옆의 동료들과 상대평가해서 내리는 결론이다. 그때그때 잘하는 것에 대한 절대적인 평가, '칭찬'마저 상사가 자유롭게 하지 않으면 부하는 무슨 재미로 살아가겠는가? 칭찬은 약속이 아니라 가벼운 감정 표현이다.

집에 들고 가지 마라

일에 붙어 있는 감정의 찌꺼기는 절대 집으로 가져가지 마라. 집은 부모님, 배우자, 자녀와 함께 사는 곳이다. 집에서 이렇게 소중한 내가 회사에서 그런 대접을 받는다는 게 더욱 억울해질 뿐이다. 두 곳의 감정이 섞이면 화학반응만 커진다.

취미 활동이든 운동이든 음주든 버릴 수 있는 방법으로 가급적 그날 버려라. 회사의 감정을 모두 머리에 이고 침대에 누우면 땅밑으로 꺼져버린다. 어제 일은 어제로, 오늘 일은 오늘 버리고 누워야 내일의 바위를 올려놓을 공간도 생긴다. 게다가 앞으로 일어나지도 않을 일까지 더하면 진짜 엄청난 일이 생긴다.

하지만 마지막에는 반드시 혼자 정리하는 시간을 가지는 것이 좋다. 푸는 것은 남과 함께 할 수 있지만 정리는 내 몫이다. 집 앞에서 깔끔하게 버리고 들어가라.

몸으로 버려라

음악을 듣거나 춤을 추거나 운동을 해보자. 감정을 버리는 데 몸을 움직이는 것만큼 좋은 것은 없다. 뇌는 몸과 별개로 동떨어져 있는 위대한 물건이 아니다. 그냥 몸의 일부다. 뇌에서 시작하는 모든 이성과 감성도 몸의 신진대사와 크게 다르지 않다. 머리로 해결하려 들지 말고 일단 육체적으로 해결해라. 콘서트장이나 야구장도 좋겠다. 함께 소리 지르고 뛰고 나면 가슴도 말끔해진다.

머리와 가슴에 문제가 생기면 몸으로 해결하고 몸에 문제가 생기면 생각 주머니를 통해 머리로 해결해야 한다. 그래야 어느 한쪽도 소외되지 않고 건강하게 유지될 수 있다. 감정은 몸으로 버리는 게 좋다.

상대를 읽어라

호통치는 상사, 비아냥거리는 동료의 '의도'를 읽으면 무거운 감정도 다소 가벼워진다. 권위를 인정받기 위해, 혹은 자격지심의 민낯을 들키고 싶지 않아 감정을 퍼부었다는 것을 알면 문제가 좀 더 넓게 보인다. 상대의 입장에서 바라볼 수 있다.

지옥 같은 마음에서 당장 자유로워지지는 않겠지만 좀 더 유연하고 여유롭게 대처할 수 있다. 행동의 결과에만 집중하지 말고 이유와 목적을 읽는 습관을 길러라. 심리학 이론 몇 개쯤 익혀두면 더 좋겠다. 운이 좋으면 상대를 내편으로 만들 수도 있다.

감정을 만들어라

무거운 얼굴은 나를 함부로 대하지 말라는 감정의 갑질이다. 반면 밝은 얼굴은 지위와 상관없이 권력이 된다. 유머 감각이 높은 사람은 본능적으로 상대의 감정 주파수에 맞출 줄 알고 공감 능력이 뛰어나기 때문이다. 미래 사회에 먹힐 리더십은 솜사탕처럼 상대를 녹이는 기술이다.

그러므로 지금부터 감정 사이사이에 기름칠을 해놓는 것이 좋겠다. 정의감에 불타고 지식에만 목말라하고, 이기는 기술에만 관심을 두면 감정은 이글이글 타오르고 얼굴에 팔자 주름이 늘어날 것이다. 왕좌를 뺏는 이야기, 갑의 횡포, 범죄를 파헤치는 이야기만 보지 말고 가끔은 애잔한 사랑 드라마, 개그나 예능 프로그램을 보면서 마음을 정리해보자.

눈물과 웃음은 세상에서 가장 좋은 감정 발산법이다. 남자들이 여자보다 수명이 짧은 이유는 적극적으로 울지 않고, 웃지 않아서라는 연구 결과도 있다. 억지로라도 다양한 감정을 만들어 내야 한다. 그렇지 않으면 정말 일찍 죽을지도 모른다.

도움을 받아라

우리는 자신이 엄청난 고통을 감내할 만한 충분한 능력이 있다고 과신하는 경향이 있다. 하지만 아프면 병원 가서 적절한 처방을 받아 약을 먹어야 한다. 쌓인 감정 때문에 참을 수 없을 정도가 되면 남의 도움을 받아서 해결해야 한다. 벽 보고 혼자 욕하고 있어서는 아무것도 되지 않는다.

밥벌이가 너무 어려운 시대에 살다보니 '그 정도도 못 참으면 앞으로 이 험한 세상 어떻게 살아갈 거냐'고 가까운 사람들부터 눈을 치켜뜨지만 어설픈 자존심으로 아무렇지도 않은 듯 두꺼운 가면을 쓰고 앉아 있으면 나중에 정말 한 방으로 해결하게 된다.

회사에는 남의 좋지 않은 사정을 옮기는 사람도 있지만 동지애를 느끼며 보듬어주는 사람도 많다. 이미 같은 경험을 해본, 마음 좋고 입 무거운 상사들에게 SOS를 치면 생각보다 현명하게 버리는 방법을 일러준다. 잘하면 문제를 실질적으로 해결해줄지도 모른다. 우는 사람에게 젖 준다고 울어야 비워낼 수 있다.

핵심에 집중하라

미움, 시기, 질투와 같은 감정은 타인을 대상으로 하는 감정이다. 이런 것에 길들여져버리면 뒷담화, 화풀이 등과 같이 낮은 행동에 익숙해진다. 반대로 만약 만족감, 자신감 등의 감정을 맛보면 적극적인 행동을 시도할 수 있다. 불필요한 감정부터 버려라. 핵심에 집중할 수 있다. 그리고 반대로 핵심에 집중하면 불필요한 감정에서 벗어날 수 있을 것이다.

"현상은 복잡하다. 그러나 법칙은 단순하다. 핵심을 짚으려면 먼저 버려야 한다." 노벨 물리학상 수상자인 리차드 파인만의 말이다.

02
感 ● - - - - - - - - ● 情
노출과 절제

웃는 얼굴도 눈치가 필요하다

웃는 얼굴에 침 뱉지 못 한다는 말은 틀렸다. 웃음도 때와 장소를 가려야 그 의미가 산다. 남들이 힘들어 할 때 혼자 즐거운 것은 의도와 달리 주위를 더욱 기분 나쁘게 한다. '나는 당신들과 달리 여유롭다'는 상대적 박탈감을 주기 때문이다. 밝은 것 옆에 있으면 함께 밝아질 수도 있지만 그 밝음 때문에 어두운 곳도 더 도드라진다. 감정을 지나치게 절제하면 나를 찌르는 칼이 되지만 있는 그대로 훌훌 벗어던지면 폭탄이 된다. 그러니 전체의 온도에 맞춰 때로는 절제하고 때로는 적당히 노출하는 감정의 균형을 가지는 것이 좋다.

미국의 심리학자 스탠리 밀그램Stanley Milgram은 한 가지 실험을 통해 군중심리, 동조현상을 설명했다. 한 명의 사람이 뉴욕거리를 걷다가 걸음을 멈추고 1분 동안 빌딩 옥상을 쳐다보았다. 행인들은 별다른 관심을 보이지 않았다. 2~3명의 사람이 걸음을 멈추고 같은 곳을 바라보자 행인의 60%가, 다섯 명이 쳐다보자 행인의 80%가 함께 옥상을 쳐다보았다.

미국의 사회 심리학자 솔로몬 애쉬solomon Asch의 선분 실험도 있다. 카드 하나에는 선이 하나 그려져 있고 또 다른 카드에는 여러 개의 선이 그려져 있다. 실험 참가자들에게 첫 번째 카드의 선과 동일한 선을 두 번째 카드에서 찾으라고 했다. 단, 7명의 참가자 중에 6명에게는 고의로 오답을 말하도록 사전에 모의하였다. 그 결과 답변자가 혼자 있는 상황에서는 정답률이 99%인 반면 오답을 말하기로 한 참가자들과 섞여 있는 집단 상황에서는 정답률이 63%로 떨어졌다.

EBS에서도 동일한 실험을 했다. 7번째 참가자는 처음에는 어이없어 하다가 결국 똑같이 오답을 얘기했다. 실험이 끝난 뒤 이유를 물었다. '나만 비정상으로 비치는 게 싫어서', '많은 쪽에 묻어가는 게 편해서…'라는 답이 돌아왔다.

사람은 일단 조직에 소속되면 자신의 생각보다는 조직의 룰을 따르려고 한다. 다수에 안정감을 느끼기 때문이다. 다수 역시 집단의식을 강요하고 이를 따르지 않는 개인에게는 따가운 눈총을 보낸다. 다수가 반드시 옳다고 할 수는 없으나 다수를 따르면 쓸데없는 표적이 되지 않는 것만은 사실이다. 적절하게 다수에 발맞추지 못하고 혼자의 세계에만 빠져 있으면 웃는 얼굴에도 침 세례를 받게 된다.

고양이가 앞발을 올리면 싸우자는 것이고 강아지가 앞발을 올리면 같이 놀자는 뜻이다. 개가 고양이를 만나면 고양이의 언어로, 고양이가 강아지를 만나면 강아지의 언어로 말을 걸어야 적이 되지 않는다. 따뜻한 차를 건넸는데 차가운 물세례를 받을 일은 없을 것이다.

#난 쟤 너무 밝아서 싫어

현명해 사원은 성격이 밝다. 어릴 때부터 잘 웃어 어른들의 귀여움을 독차지했다. 그런데 이상하게도 현명해 사원에게는 안티가 많다. "쟤는 뭐가 저렇게 매일 좋다니? 난 쟤 너무 밝아서 싫어." 걱정거리 많은 동료들은 현명해 사원의 무한 긍정과 밝은 얼굴이 못마땅하다.

탁탁해 부장도 그런 현명해 사원이 신경 쓰인다. "현명해 씨는 뭐가 그렇게 좋아서 매일 웃고 다니나? 지금이 웃을 때야? 상황을 좀 심각하게 받아들이라고. 어디 믿는 구석이라도 있어?"

#울지 마 제발

탁탁해 대리는 눈물이 많다. 슬픈 영화를 봐도, 스포츠 경기를 보면서도, 심지어 애국가를 들으면서도 눈물을 흘린다. 천성이라지만 매번 눈물바람이니 상사들은 탁탁해 대리와의 업무 파트너를 한사코 거부한다. 사무실 한복판에서 울고 있는 탁탁해 대리 앞에 서 있으면 알 수 없는 죄책감이 들고 주위로부터 무언의 눈초리가 쏟아지기 때문이다. 나쁜 사람이 된 기분이다. 진위를 파악하려는 주위의 입방아에 오르내리는 것도 사실 귀찮은 일이다.

#물러서시는 겁니까?

탁탁해 과장은 목청을 높인다. "부장님, 그건 근본적인 문제 해결이 아닙니다. 이번이 아니면 설비 도입은 물 건너갑니다. 부장님이 자신 있다고 해놓고 상무님 한마디에 물러서시는 겁니까?"

현명해 부장의 얼굴이 울그락 푸르락이다. 아무리 충심의 의견 개진이라 해도 많은 사람들이 모인 자리에서 부하의 공격을 받는 건 상사에게도 어려운 일이다. 평소 탁 과장의 의견에 동조하던 동료나 선배들도 현 부장의 험악해진 얼굴에 고개만 숙인 채 꿀 먹은 벙어리다. 공개석상에서 상사의 자존심에 흠집을 낸 꼴이 되어버렸다.

임원들에게 물었다. 일은 잘하지만 뻣뻣한 부하와 일은 다소 못하지만 비위 잘 맞추는 부하 중 누구와 일하겠느냐고. 약속이나 한 듯 모두가 일 잘하는 부하를 고분고분한 부하로 만들어 쓰겠다고 답했다. 보통의 상사들은 간단한 손놀림만으로도 뻣뻣한 부하를 고분고분하게 만드는 놀라운 실력을 가지고 있다. 상처를 입는 쪽은 당연히 부하다. 간혹 자신의 힘을 과시하기 위해 업무상의 이유를 달아 조직의 불안요소, 걸림돌을 제거하기도 한다. 직접 나서지 않고 군중

심리를 이용해 깔끔하게 치워버리는 마술을 부린다.

그러니 조직의 분위기, 권력의 기울기, 상사의 의도 등을 파악하기도 전에 섣불리 나의 색깔을 드러내는 것은 위험천만한 일이다. '절제'해야 한다.

절제란 한 템포 늦추는 것이다. 느끼는 대로 말하고 행동하는 것이 정직함이고 한 템포 쉬어가는 것이 비겁함인 것은 아니다. 좋은 것도 시간이 지나야 그 진실을 알게 되고 나쁜 것도 추후에 그 정당함이 밝혀지는 경우가 허다하다. 상황을 성숙시키기 위해서는 시간이 필요하다. 그래야 잘못된 판단을 하지 않는다. 그렇다고 아첨에 익숙해지라거나 나쁜 것들과 무조건 타협하라는 말은 아니다. 절제는 부족한 나를 다듬어 가는 과정이지만 아첨은 힘을 가진 타인에 길들여지는 것이다.

절제는 업무 이외의 불필요한 일들에 휘말리지 않기 위함이기도 하다. 독단적이라든가, 부정적이라든가, 즉흥적이라든가, 유약하다든가 하는 꼬리표 때문에 업무 능력이 묻혀서는 안 된다. 나의 실력을 보호받기 위해서라도 자극적인 노출보다는 참을성 있는 절제가 필요하다. 그래야 쓸데없이 군중의 표적이 되지 않는다. 뻔한 문제에도 오답을 말하는 것이 군중심리다. 상사는 군중, 다수를 대변한다. 상사 한 명의 의견은 부하 열 명의 의견보다 힘이 세다. 상사의 의견이 다수의 의견으로 포장되는 것뿐이다. 회사는 상사에게 부하들을 관리,

감독할 권한을 주었다는 것을 잊지 마라.

진심만 있으면 언젠가는 통할 것이라는 계산은 그 관계가 30~40년 유지되고, 상호 평등한 위치일 때만 유효하다. "전쟁에서 적을 만나면 칼을 뽑아야 하지만 조정에서 적을 만나면 웃으라"는 드라마 〈정도전〉 속 이인임의 말을 생각해보자. 분노와 즐거움, 슬픔과 기쁨은 똑똑해져야 하고 비판과 동의, 수용, 거부는 철저하게 계획되어야 한다. 너무 감추면 위선으로 보인다는 것까지도 적당히 계산하면서 말이다.

간격을 벌려라

자극과 반응의 시간을 벌려라. 감정은 생각을 성숙시킨 다음에 노출하는 것이다. "죽어도 안 됩니다"처럼 즉흥적이고 극단적인 말보다 "생각해보고 다시 말씀 드리겠습니다"고 한 다음 다시 말해보는 것이다. 시간이 지나면 감정의 찌꺼기는 사라지고 사실만 남는다. 협상 전문가들도 감정이 치솟아 오르면 발코니에서 냉정함을 되찾은 다음에 다시 테이블에 앉는다.

감정을 삭일 때 가장 좋은 것은 '먹는 것'이다. 마음이 분노와 치욕으로 부풀어 오를 때, 밥이나 커피나 주류로 몸에 영양분을 공급해줘라. 몸이 풍족해지면 시선도 객관화된다. 배고픈데 감정 감옥에 갇히지 말자.

함부로 상처 받아서도 안 된다. 회사는 모든 구성원들의 기분과 감정을 맞춰줄 만큼 여유롭지도, 너그럽지도 않다. 상사나 동료가 때리면 맞을 줄도 알아야 한다. 직장 생활은 때릴 일보다 맞을 일이 더 많다. 영화 〈싸움의 기술〉에서는 "많이 맞으면 상대방이 어딜 때릴지 안다"는 대사가 나온다. 싸움의 고수인 오판수는 말했다. 마음이 죽으면 몸도 죽는다고.

눈물은 무기가 아니다

쉽게 감정을 노출하는 사람은 표적이 된다. 전자레인지처럼 금방 더워지고 금방 식으면 신뢰를 잃는다. 그중에서도 가장 좋지 않은 것은 눈물이다. 남들은 나의 슬픔이나 억울함에 관심이 없다. 그냥 불편할 뿐이다. 회사에서, 특히 사무실에서 눈물을 훔치는 것은 나를 우습게 봐도 좋다는 신호다. 게다가 여자의 눈물은 상대를 나쁘게 보이게 하는 매우 강력한 효력을 지녔다. 세상 어떤 상사도 그런 상대가 되길 원하지 않는다. 가벼운 잔소리에도 상대를 나쁜 상사로 만드는 부하를 좋아할 상사는 없다.

게다가 눈물은 상대에게 '더 이상 아무런 행동도 하지 말라'는 경고다. 따라서 아무도 도움의 손길을 내밀지 않는다. 벽을 쌓고 섬을 만드는 게 눈물이다.

미리 공유하라

사람은 감정적 우군과 이성적 우군을 구분하지 못한다. 공과 사를 완전히 구분할 수 있는 사람은 세상에 없다. 일을 하다 보면 정의로운 비판이든, 떠밀린 비판이든 쓴소리를 해야 할 순간이 분명 온다. 회의석상에서 갑자기 칼을 끄집어 드는 것은 상대에게 길거리에서 강도당하는 기분을 들게 한다. 어쩔 수 없이 반대해야 한다면 사전에 그 이유에 대해 충분히 공유하라. 척隻을 질 심산이 아니라면 나쁜 감정은 철저하게 계산하고 준비한 다음 노출해야 한다.

공식 석상에서는 위험하다

아무리 회사와 상사를 위한 마음이 넘치고 넘친다고 해도 공식석상에서, 다른 사람들이 모두 보는 앞에서 상사와 맞서거나 상사가 결정한 사안을 정면으로 비판하지 마라. 상사의 권위에 대적하는 행위다.

완곡한 표현을 사용하되, 그 자리의 최고 상사 입장이 되어 공감하는 언어를 사용해야 한다. 상사의 상사가 결정한 사안이라면 아무리 나의 정의감이 넘친다 해도 결정이 번복될 리는 없다.

"부장님이 자신 있다고 해놓고 상무님 한마디에 물러서시는 겁니까?"가 아니라 "상무님이 그렇게 결정하셨군요. 부장님이 그동안 많이 애쓰셨는데 마음이 많이 안 좋으시겠습니다."라고 하는 게 좋다.

눈앞에서 다른 부서의 상사와 비교하는 것도 안 된다. "영업 1팀이 이번 경쟁 PT에서 A사를 이겼대요. 김 부장님 PT가 장난 아니었다고 하네요." 이 말은 상사에게 "김 부장은 하는데 너는 왜 못하니?"로 들린다. 좋은 뜻이든 나쁜 뜻이든 공식 석상에서 극단적인 표현은 삼가야 한다.

흔적을 남기지 마라

철저하게 차단했다고 생각하겠지만 SNS의 태생이 '공유'라는 점을 잊어서는 안 된다. 상사에게 받은 설움을 SNS에 푸는 것은 회사 게시판에 욕을 쓰는 것과 같은 전파력을 가진다. 백만 번쯤 은유와 포장을 했다 해도 폭풍처럼 쏟아낸 야유와 푸념은 티 나기 마련이다. 더군다나 글자는 소멸되지 않는다. 감정이 가라앉은 뒤 뒤늦게 상사에게 노출되면 황당한 일만 벌어진다.

SNS에 올린 글로 어느 가수는 그룹 활동을 그만둬야 했고 어느 공직자는 옷을 벗어야 했다. 성숙하지 못한 생각과 표현이 날개 달고 하늘로 날아가 미래의 덫이 될 수도 있다는 것을 잊지 마라.

여행, 쇼핑, 연애, 취미 생활, 셀카에만 집중하는 모습 역시 좋지는 않다. 직장과 개인 생활이 철저하게 별개라고 생각하는 상사는 그리 많지 않다.

상황에 녹여라

퇴근길은 다소 심각한 얼굴이 좋다. 퇴근의 즐거움보다 과제를 해결하지 못한 채 퇴근할 수밖에 없는 안타까움을 표현해야 한다. 동료에게는 동질감을, 상사에게는 믿음을 준다. 출근길 밝은 얼굴은 전날의 묵은 감정을 홀가분하게 날려버리고 오늘 더 열심히 일하겠다는 의지를 보여준다.

상사가 상사로부터 꾸중을 들었을 때, 대형 불량사고로 눈코 뜰 새 없을 때, 상사의 상황에 맞는 얼굴의 조도 조절이 필요하다. 아무리 동료와 상사의 일이더라도 함께 근심하는 얼굴로 뛰어다니는 척이라도 해야 한다.

정리정돈 해라

자신을 쉽게 노출하지 않으려면 책상 위부터, 컴퓨터부터 정리해라. 책상 위는 개인적인 공간이 아니라 업무 공간이다. 연예인 사진으로 도배되어 있는 책상, 철 지난 보고서가 잔뜩 쌓여 있는 책상, 종이컵, 약봉지, USB, 필기도구들이 어지럽게 펼쳐져 있는 책상, 회의 내용과 낙서가 적힌 종이, 로또나 야구장 티켓이 널려있는 책상은 책상 주인이 오늘 먹은 것, 오늘 말한 것, 오늘 쓴 것, 오늘의 감정 등 오늘의 모든 것을 훤히 드러내고 있다.

그런 것은 요상한 사이트를 잔뜩 링크해 놓거나 취미생활 이야기로 도배를 하거나 몇 시간 단위로 자신의 셀카를 찍어 올리는 SNS를 보는 것 같은 느낌이 든다.

팀장처럼 큰 책상을 차지하고 있는 위치가 아니라면 누구 책상인지 모를 정도로 깔끔한 것이 자신을 쉽게 내보이지 않는 방법이다.

밥상머리를 넘지 마라

사람 사이에도 보이지 않는 선이 있다. 넘어서면 안 되는 일종의 금기 같은 것이다. 그 금기를 깨는 순간 자존심에 상처를 입고 불온한 관계의 단초를 제공한다. 사람은 먹기 시작하면서부터 교육을 받는다. 사람의 본성인 먹는 행위에서조차 예의를 갖추어야 할 만큼 '예의'는 사람 사이에서 지켜져야 할 중요한 덕목이다. 기본적인 예의를 무시하면 내 마음은 좋게 시작해도 받아들이는 쪽은 나쁘게 변해있다.

친밀감을 표시하기 위해, 잠시나마 허세를 떨기 위해, 조급하게 상대의 마음을 얻기 위해서 밥상머리를 넘는 것은 반드시 피해라. 관계가 악화되거나 나쁜 의도가 개입되면 둘만의 은밀한 언어로 시작된 행위들도 무시나 경멸의 얼굴로 둔갑한다.

사람의 뇌는 공평하고 합리적이지 않아서 처음 제시된 정보가 나중에 들어온 정보보다 강한 영향력을 가진다. 이를 '초두 효과Primacy Effect'라고 한다. 예의는 과거의 모습, 현재의 상황, 미래의 예측에 무조건적인 신뢰를 주는 강력한 무기다.

먼저 들어온 정보가 나중에 들어오는 정보를 해석, 처리하는 데 기준이 되는 것은 '맥락 효과context effect'라고 한다. 나쁜 소문을 들었을 때, 평소 좋은 느낌을 가졌던 사람이라면 '무슨 사정이 있겠지'라고 생각하지만 나쁜 인상을 받았던 사람은 '그럼 그렇지'라고 판단하는 것을 말한다. 예의 바른 사람에게 발생한 불가피한 상황은 애써 맥락적으로 이해하려고 노력하지만 혼자만의 방식으로 친밀감을 표현해 온 사람의 불가피한 상황은 '그럴 줄 알았어'라는 말로 결론난다.

예의는 아랫사람이 윗사람의 마음을 훔칠 수 있는 매우 합법적 방법이지만 아주 사소한 실수로도 지옥으로 떨어지는 놀라운 폭발력을 가지고 있다.

#내가 네 형이니?

탁탁해 대리는 모든 상사, 동료, 부하를 형이나 누님, 동생으로 구별한다. 처음 만나는 사람은 친근함에 쉽게 마음을 열기도 하지만 매번 당하는 상사들은 어디까지 받아줘야 할지 난감할 때가 한두 번이 아니다. 일도 똑 부러지고 인간미까지 갖추고 있지만 묘한 불편함이 있다.

현명해 과장은 복잡한 업무 지시를 내릴 때마다 어깨를 살짝 부딪치며 "형님~ 아 또 오늘 왜 이러세요. 어제 형수님과 싸우셨구나" 하는 탁탁해 대리의 버릇을 언젠가 반드시 고쳐놓겠다며 벼르고 있다.

"내가 왜 네 형이니? 나, 네 상사야."

#제가 부족합니다만

탁탁해 대리에 비하면 현명해 대리는 답답할 지경이다. 하루에도 90도 인사를 수십 번하는 것은 기본이고 말끝마다 '제가 부족합니다만', '선배님께서 가르쳐 주신대로'라는 사족을 단다.

사석에서는 서로 편하게 지내자는 나이 적은 선배의 계속되는 제안에 어깨동무를 했다가도 술이 깬 아침이면 다시 90도로 변한다. 입사 4년이 지나도 몸에 기브스를 한 것 마냥 좀처럼 군기가 빠지질 않는다. 현명해 대리는 국내 최고 대학 출신이다. 그래서인지 "내가 저 가식을 꼭 벗겨주겠어"라는 선배들의 도전을 받기도 한다.

어느 날, 전화를 하던 현명해 대리가 자리에서 벌떡 일어나며 90도 인사를 했다. "현 대리, 누군데 그렇게 쩔쩔매? 뭐 잘못됐대?" 주위에서 묻자 "아, 아닙니다. 어머니신데, 오늘 밥 안 주신다고 밥 먹고 들어오라고 하셨습니다."라고 한다. 모두들, 눈빛을 모으며 이구동성으로 외친다. "헐, 엄마래!"

현장에 있던 현명해 부장도 한마디 남긴다. "너는 이 시대의 진정한 유물이다."

회사는 성장 배경, 가치관, 인성, 지식, 능력, 경험 등에서 각양각색의 색깔을 가진 사람들이 모인 집단이다.

그렇다면 회사는 무엇을 가장 중요하게 생각할까? 기업들의 경우 입사시험을 통해 일정 수준의 직무역량과 문제해결 능력을 갖춘 인재들을 걸러내고 최종적으로 다양한 면접 기법을 동원해 인성을(사실상 불가능하지만) 점검한다.

인생과 조직의 성공법칙*

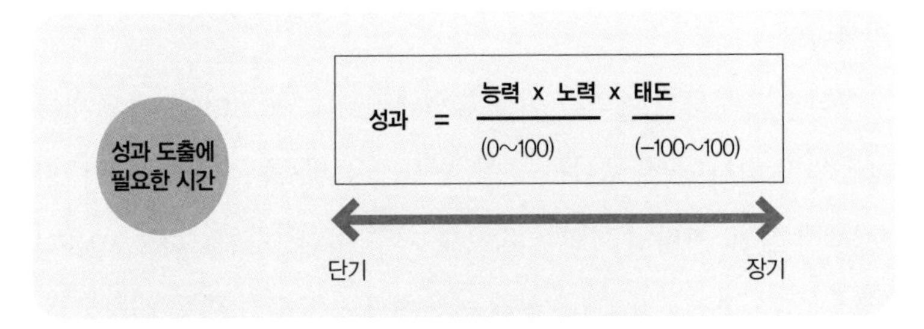

---

* 일본의 전자제품 제조회사인 교세라의 이나모리 가즈오 회장의 '인생과 조직의 성공법칙'. 이나모리 가즈오 회장은 마쓰시타 고노스케 마쓰시타전기 회장, 혼다 소이치로 혼다 회장과 함께 '일본에서 가장 존경받는 3대 기업인'으로 꼽힌다.
* 원래 이나모리의 성공방정식은 '성공=능력×열의×사고방식'이지만 기업에서는 사고방식이 '태도'로 바뀌어 사용되기도 한다.
* 능력이 다소 부족하더라도 '노력'하면 그 누구보다 좋은 성과를 올릴 수 있다. 서로 상승효과가 있다. (예 : 능력(10)×노력(10)=100 / 능력(10)×노력(100)=1,000)
  그러나 '태도'의 범위는 -100에서 +100으로 능력과 노력이 아무리 좋아도 태도가 좋지 않으면 결론은 (-)가 된다. '태도'는 성공의 결과에 마이너스 영향을 주기도 한다.

업무 성과가 지식보다는 인성, 태도에 더 큰 영향을 받는다는 것을 경험했기 때문이다. 능력은 어느 정도 개발이 가능하지만 태도나 인성은 쉽게 드러나거나 바뀌지도 않을 뿐더러 결정적인 순간에 행동의 준거가 된다.

우리의 일터는 아직 사람 중심(직무가 아닌)이다. 사람 간의 관계, 개인의 태도에 큰 영향을 받는다. 특히 상하 간에는 이런 규칙이 더욱 엄격하게 적용된다. 태도에는 긍정적 사고방식, 예의, 적극적인 태도 등 여러 가지가 있지만 그중에서도 상대에게 쉽게 눈에 띄는 것은 역시 예의다. 긍정적 사고방식, 적극적인 태도 등 모든 것을 대변한다.

그러므로 부하의 예의는 업무 능력에 앞서는 조건이다. 예의 바른 행동은 단순히 눈에 보이는 호칭, 인사만을 말하는 것은 아니다. 말로는 '부장님, 과장님'이면서 속으로 원수 집안 대하듯 하는 마음이라면 상대가 모를 리 없다. 상대는 눈칫밥으로 수십 년을 버텨온 무림 고수의 상사다.

사회 지능이다

'공부 머리 따로, 사회 머리 따로'라는 말을 들어봤을 것이다. 사회에는 책상 위의 점수 이외에도 여러 항목의 점수판들이 있다. 그 첫 번째가 바로 예의다. 관계 맺기의 첫 단추이기 때문이다.

상사, 동료, 후배 등 대상에 맞는 예의, 회의, 토론, 이메일, 전화와 더불어 공적인 업무 상황에 맞는 예의, 결혼식장, 장례식장 등 장소에 맞는 맞춤형 사회 지능social intelligence을 발휘해야 한다. 마음만 있다고 되는 일은 아니다. 예의는 표현이므로 배우고 연습해야 한다.

'부하다워야' 한다

분위기 좋은 술좌석에서라도 상사와 동등한 농담거리를 해서는 안 된다. 부하와 친밀감을 형성하는 것이 리더십이라고 생각하는 상사의 사탕발림에 속아 넘어가서도 안 된다. 상사가 부하와 친밀감을 나누는 것은 어디까지나 부하일 때다.

상사들은 매우 불안하다. 동료와의 경쟁도 경쟁이지만 부하의 배신에 대한 불안도 그에 못지않다. 따라서 상사는 절대 배신할 것 같지 않은, 자신을 진심으로 존중하는(것 같은) 예의 바른 부하에게 위안을 찾는다.

예전의 상사가 이런 말을 했다. '상사가 부하와 친할 수 있는 건 부하일 때이지 부하의 도를 넘어서면 그때부터는 적에 가까워진다. 철저하게 부하다워야 한다'고.

잊지 마라. 아무리 마음 좋은 상사라 해도 부하에게 무시를 당하면 언젠가는 그에 상응하는 조치를 취한다. 실력 없다는 소리보다 더 위험한 것은 건방지다는 말이다.

일관성을 지켜라

선택적 예의는 불온한 마음을 노출한다. 힘 있는 사람에게만 몸과 마음을 조아리는 것은 '예의'가 아니라 복종과 굴복이다. 특수 목적을 가졌다는 것을 널리 알리는 것이다. 언제든 권력에 따라 변심할 수 있다는 불신만 덧입힌다. 예의는 상대에 대한 존중인지 아부인지 자신도 알 수 없는 이중적인 의도들이 섞여 있기 때문이다.

세상에 일관성만한 전략은 없다. 뒷방으로 물러난 상사가 언제 화려한 컴백을 할지는 아무도 모른다. 상사뿐 아니라 동료, 부하에게까지 일관된 모습을 보이는 것이 바로 진정성이다.

신입사원 때는 온몸을 다해 예의를 실천하던 사람이 시간이 갈수록 친밀을 빌미로 어깨를 부딪치면 그게 바로 가면이고 가식이다. 끝까지 갈 자신이 없으면 시작도 해서는 안 된다. 90도로 인사하다가 어깨를 부딪치는 탁 대리는 일관성에서 실패했다.

관심으로 완성하라

• 쑥쓰러워 지나가듯 하는 인사는 나는 했고 상대는 받지 못했으므로 서로가 느끼는 값의 차이만 벌어지는 경우다. 인사는 최대한 크게, 깊이, 자주 해야 한다. 빈말을 섞는 건 좋지 않다. "오늘 부장님 정말 멋지십니다"는 값싼 아부다. "부장님 오늘 셔츠 색깔 너무 좋아요. 바지랑도 잘 어울리고, 새로 사신거죠?" 구체적이면, 진심으로 들린다.

관심은 관찰에서 시작한다. 상사의 감정, 외적인 변화를 관찰하면 하루에도 100개 이상의 대화거리가 생긴다.

• 우리 민족은 조상 대대로 호칭에 민감하다. 사람의 뇌에는 제법 성능 좋은 '계급' 컴퓨터가 쉬지 않고 돌아간다. 많은 직장인들이 상사, 동료의 현 직급 체류기간, 군복무 기간, 대학 재수의 유무까지 꿰차고 있다. 부장이면서 파트장인 경우와 부장이면서 팀장인 경우, 그 둘은 단순한 '부장님'이 아니다. 높은 호칭(직책이든 직급이든)을 큰소리로 불러주는 것이 좋다.

• 적어도 아침에 늦어서는 안 되고 저녁에 제일 먼저 사라지는 부하로 거론되지는 마라. 농업적 근면성은 단군 이래 최대의 무기다. 경조사, 회식도 마다하면 안 된다. 어렵게 문턱을 넘은 회사에서 군대에서나 있을 법한 이야기를 하는 것이 못마땅하겠지만, 오해 마라. '스마트'한 생각을 완성하는 것은 어디까지나 '하드'한 몸임을.

창조를 부르짖는 시대에 살다보니 모든 조직이 개개인의 창조력을 자연스레 받아들일 만큼 변하고 있다고 기대하겠지만 현실은 그렇지 않다. 조직은 여전히 권위적이며 근면 성실을 중요시한다.

• 거짓말은 절대 안 된다. 개인사에 대한 거짓말은 최악이고 업무

적 거짓말이라면 더 최악이다. 거짓말은 모든 관계를 무너뜨린다. 상사는 부하의 웬만한 거짓말에 속아 넘어가지 않는다. 거짓말이 들통나는 순간 과거, 현재, 미래의 신뢰는 바닥이 된다.

• 자만도 좋지 않다. 회사 일은 반짝이는 아이디어보다 현실적인 결과물을 만들어 내는 곳이다. 아무리 자신의 아이디어가 발판이 되었다 해도 현실적인 어려움을 헤치고 우수한 결과로 만들어 낸 상사의 역할을 인정해야 한다. '그거, 원래 내가 낸 아이디어인데'에 얽매이면 협력의 의미를 모르고 억울한 감정만 쌓게 된다.

최악까지 가지 마라

아무리 불공평한 대접을 받았다 해도 밥상머리만큼은 넘지 마라. 밥상머리를 넘어서는 순간 상대의 잘못보다 밥상머리를 넘어섰다는 것 자체로 온갖 비난의 화살을 받게 된다. 누가 잘못했느냐보다 누가 밥상을 먼저 넘었느냐로 옳고 그름을 판단하는 동방예의지국임을 잊지 마라.

게다가 다시 이쪽 편 밥상으로 넘어오려면 너무 많은 대가, 예를 들면 무조건적인 복종, 가정교육에 대한 비난까지 감수해야 한다. 상대에게 유리한 패만 던져주는 셈이 된다. 억울함에 순간적으로 '밥상머리'를 넘어섰다가 다시는 밥상 위에 앉지도 못하는 사람들, 많이 보았다. 게다가 오늘 원수같이 헤어진 상사가 내일 직속 상사가 되어 만나는 곳이 바로 회사다.

부족할수록 갖춰라

아무리 상사가 모든 것을 받아주겠다는 제스처를 해와도 공식적인 자리에서 맞서거나 권위에 흠집을 내거나 과도한 친밀감을 표현하는 행동을 해서는 안 된다. 자신감이 부족하고 능력이 떨어지는 상사일수록 부하의 예를 더욱 중요하게 생각한다. 아무리 충심에서 우러난 말이라 해도, 예를 갖추지 않은 부하의 직언은 맹랑한 도전으로 느껴진다. 자격지심으로 상황을 확대해석하기 때문이다. 방어의식이 강해 싹부터 자르려 할 것이다.

친밀함을 표현하기 위한 긍정적 의도조차도 마음이 부족한 상사들은 무시로 받아들인다.

기회로 활용해라

예의는 종종 여러 잡무를 대신하는 것으로 평가받는다. 무거운 짐을 든다든가, 단순 자료 작업을 위해 밤을 새고 수십 장의 회의록을 정리하는 것이 과연 나와 같이 훌륭한 인재가 해야만 하는 일일까 하는 의구심이 들 것이다.

그러나 잡무는 그저 단순 반복하는 일이 아니다. 회사 생활은 협업의 연속이다. 모든 잡무는 모든 핵심 업무와 맞닿아 있다. 태도가 좋다는 칭찬에, 알맹이 업무까지 예습할 수 있는 좋은 기회다. 툴툴거리기만 하면 진짜 잡무만 하다 끝난다.

상사들이 생각하는 나쁜 부하를 알아보는 설문조사가 있었다. 아래의 상자를 잘 살펴보자. 이 중에서 일 못하는 부하가 있는가? 실력이나 능력이 아닌 온통 인간됨, 태도에 관한 지적뿐이다. 사람의 마음을 가장 거슬리게 하는 것은 바로 태도다. 옳지 않은 태도는 나쁘게 인식된다.

상사들이 생각하는 나쁜 부하

- 자기 이익만 챙기는 뺀질이형
- 뒤에서 구시렁대는 투덜이형
- 자기 공을 앞세우는 떠벌이형
- 매사에 부정적인 안티(anti)형
- 핑계거리만 찾는 면피형
- 무사안일주의에 빠진 좀비형
- 윗사람에 줄 대려는 폴리티션형

※ 시장조사 전문기업인 엠브레인이 직장인 749명을 대상으로 실시한 설문조사 결과, 〈한국경제〉, 2008년 12월

빨리 실수하는게 낫다

요즘은 운동선수가 예능 프로그램의 간판스타가 되고 가수가 뒤늦게 연기자로 성공하기도 한다. 비교적 생명력이 짧은 직업계의 현상이라고 하지만, 우리의 상황도 크게 다르지 않다. 세상은 너무 빨리 변하고 있는데 오래 살고 오래 일해야 한다. 성급히 성공을 단언하기도, 실패를 쉽게 인정하기도 어려워졌다. 평생직장이란 말은 고전이 된 지 오래다.

인생에는 '지랄 총량의 법칙'이라는 것이 있다고 한다. 사람이 일생동안 떨어야 할 지랄의 양은 정해져 있어서 죽기 전까지 그 양을 다 채운다는 법칙이다. 사춘기를 무사히 넘긴다 해도 환갑이 넘어서, 그도 아니면 더 나이 들어서라도 언젠가는 그 양을 다 채운다는 것이다.* 그렇다면 차라리 젊을 때의 '지랄'에 감사해야 할 것이다.

실수나 실패도 마찬가지다. 만약 살면서 겪어야 할 어려움의 총량이 있다면 힘 좋고 젊은 나이일 때 겪어 버리는 게 낫다. 수능에서 실수하는 것보다 모의고사에서 실수하는 게 낫고, 단원평가에서 밀려 쓰는 게 낫다. 직장 생활, 사회생활도 마찬가지다. 삐그덕 한 번 하지 않고 도움닫기만 할 수 있다면야 그것만큼 부러운 일이 없을 터. 그러나 요행히 잘 버티다 무거운 책임을 져야 하는 위치에 올라 뒤늦게 우왕좌왕할 바에야 조금 가벼울 때 부족함을 깨닫는 것이 낫다.

물론 실수나 실패는 사실 그대로를 받아들이는 일이 가장 어렵다. 한때 기업의 실패를 자산화하는 것이 유행했다. 하타무라 요타로 도쿄대 교수가 쓴 《실패를 감추는 사람, 실패를 살리는 사람》이라는 책을 시작으로 '실패학'이 봇물처럼 관심을 끌었다. 재직 시절, 신제품 개발의 실패담을 모아 토론회를 운영해보려 했지만 쉽지 않았다. 누구도 실패의 주인공으로 나서길 원치 않았고 또 다시는 좌절의 시간을 상기하고 싶지 않다고 했다.

실수, 실패가 무거운 좌절감을 주는 것은 사실이다. 하지만 그 좌절감이 있기에 다시는 같은 실수를 반복하지 않을 '각인', '각성'의 효과도 함께 얻는다. 요리조리 안전하게만 성공한 사람들은 심각한

---

* 〈불편해도 괜찮아, 김두식, 창비〉에서 인용, 재구성

일 앞에서 부러지고 만다.

에디슨은 백열전구를 발명하기까지 147번을 실패했고 라이트 형제는 805번의 시도 끝에 하늘을 날 수 있었다고 한다. 기자가 에디슨에게 147번을 실패했냐고 묻자 에디슨이 "147번 실패한 것이 아니라 전구에 불이 들어오지 않는 147가지의 방법을 알아낸 것뿐이다"라고 말한 것은 유명한 일화다.

실수나 실패는 빠를수록 가볍다. 그 자리에서 훌훌 털고 일어나든, 아예 판을 바꿔 새롭게 도전하든, 남들보다 빨리 선택할 수 있는 기회가 주어진다.

지난 2015년, 세계야구소프트볼연맹WBSC 프리미어12 대회 준결승전에서 한국이 일본에게 역전승을 거두었다. 한국은 세계랭킹 8위, 일본은 세계 랭킹 1위였고 한국은 9회까지 0-3으로 뒤지고 있었다. 그러나 한국팀이 9회 2점짜리 역전타를 날리며 4-3으로 경기를 마무리했고 미국과의 결승전에서 우승컵을 거머쥐었다. 승리의 결정적 역할을 했던 이대호 선수는 인터뷰에서 '개막전의 패배에 복수하고 싶다는 생각만 있었다'고 했다. 논픽션 드라마는 이렇게 만들어진다. 우린 순간의 위너가 아닌 영원의 위너가 되어야 하니깐.

#사장실 문을 노크하다

현명해 대리는 책상 위에 좋은 문구를 붙여 두는 버릇이 있다. 그날 책상 위에 붙어 있던 것은 스티브 잡스가 스탠포드 대학 졸업식에서 연설한 'Stay hungry, Stay foolish'의 전문과 교수신문이 선정한 올해의 한자 '상화하택上火下澤'*이었다.

그런데 사무실을 돌던 CEO가 현명해 대리가 붙여 놓은 문구에 관심을 보였다. "자네 이게 무슨 뜻인 줄 아나?" 당황한 현명해 대리는 더듬거리며 답했다. CEO는 옅은 웃음을 지었다.

CEO가 가고 자리에 앉은 현명해 대리는 소스라치게 놀랐다. 택澤을 역譯으로 잘못 대답한 것이 아닌가. '혹시나 사장님이 밖에 나가서 올해의 사자성어를 상화하역이라고 하면 어쩌지?' 갑자기 걱정이 되기 시작했다. 안절부절못하던 현 대리는 급하게 2001년부터 그해까지의 사자성어와 뜻을 정리한 뒤 사장실을 찾았다.

마침 비서가 자리를 비워 용기 내어 직접 노크를 했다. 사장실에 서 있으려니 몹시 떨렸지만, 자신이 잘못 알고 있었다고 분명하게 말한 뒤 내용을 바로 잡았다. 그리고 몇 달 후, 현명해 대리는 CEO 전략 기획 부서로 발령 받았다. 작은 실수라도 자신의 잘못을 고칠 줄 알며 과감하게 사장실 문을 노크한 용기에 CEO가 크게 감동을 받았다는 후문이다.

#현 대리의 신입 시절

현명해 대리는 신입사원들이 어려워하는 일들을 족집게처럼 짚어 주는 선배로 유명하다. 그런데 그런 그에게 구매 업무를 하는 사람이라면 누구나 알 정도로 유명한 이

---

*상화하택(上火下澤): 위에는 불, 아래에는 연못이라는 뜻으로, 불이 위에 놓이고 연못이 아래에 놓인 모습으로 사물이 서로 분열하는 현상을 말함.

야기가 있다. 입사 6개월 만에 사표를 제출했던 이야기다.
현 대리는 입사 후 구매팀에 배치를 받았다. 신입사원이었지만 바쁜 시기라 업무에 바로 투입되었다. 문제는 여기서 생겼다. 혼자 자재 가격 데이터를 처리하다 계산 착오가 생겼고 이것이 발주 전 발견된 것이다.
급히 오류를 바로 잡고 재발 방지 보고서를 작성하며 문제는 일단락되었지만 현 대리는 김 과장과 탁탁해 부장, 김 상무에게 수없이 불려가야 했다. 경험 부족한 신입사원을 실전에 투입시킨 것이 더 문제였지만 상사들은 두고두고 현 대리의 잘못을 들추었다.
지옥 같은 시간이었지만 지금 현 대리는 그 어느 동기들보다 단단해져 있다. 실수 후 스스로 해결방법을 찾아냈고 이제는 어떤 문제에도 쉽게 흔들리지 않는다.

로봇다리로 유명한 장애인 수영 국가대표 선수 세진이는 걷기 위해 20kg의 무게가 실리는 의족을 끼고 넘어지는 연습부터 시작했다고 한다. 넘어져도 다치지 않고 일어서는 방법을 터득하니 오히려 걷는 것이 쉬웠다고 한다. 스키, 스케이팅, 승마, 경륜 등 속도가 승패를 결정짓는 스포츠 종목은 모두 그렇다. 빨리 달리기 전에 먼저 잘 넘어지는 것부터 배운다.

넘어지지 않으려고 안간힘을 쓰면 오히려 몸에 큰 부담이 된다. 뻣뻣하게 긴장하면 작은 자극에도 쉽게 피로해지고 넘어지면 큰 부상을 입는다. 작은 실수일 뿐인데 나부터 확대해석해버리면, 남의 실수를 무기 삼으려는 사람들에게 너무 큰 총알을 주게 된다. 영화 〈최종병기 활〉의 마지막 장면에서 주인공 박해일은 적의 화살에 맞아 쓰러지며 '바람은 계산하는 게 아니라 극복하는 것이다'라고 말했다. 조용히 극복하면 더 큰 자신감을 대가로 내놓는 것이 실수다. 숨을 변명이 필요한 사람들은 어렵게 찾아온 기회도 문제로 만들어 버리고 싸울 준비가 된 사람들은 큰 실패에서도 일어날 명분을 찾는다. 진짜 두려운 건 작은 실수에도 일어나지 못하는 나약함이다.

주눅 들지 마라

넘어지면 주눅부터 든다. 깐죽거리며 남의 단점만 후벼대는 사람들은 어디에나 있다. 상사의 눈초리에도 큰마음 두지 마라. 그럴 때마다 너무 깊은 감정을 실으면 일어서기도 전에 녹다운된다. 겁먹게 되면 다시는 무릅쓰는 일에 손대지 않는다.

잘못했을 때, 어려운 일에 부딪쳤을 때 변명하는 사람은 차라리 낫다. 문제는 힘 있는 상사나 조직 뒤에 숨는 것이다. 숨으면 안전하겠지만, 누구의 눈에도 띄지 않는다. 상사가 언제까지나 키다리 아저씨일 수는 없다. 그곳을 빠져나가는 가장 좋은 방법은 그곳을 거쳐 가는 것이라고 미국의 시인 로버트 프로스트가 말했다. 스스로에게는 무겁게 책임을 묻되, 겉으로는 가볍게 이겨내는 모습을 보이자.

솔직하고 당당해져라

만약 CEO가 실수를 했다면 자리를 걸어야 할 문제지만 조직장의 자리에 오르기 전까지는 그걸로 끝이다. 무거운 책임까지 걸 일은 애당초 아랫사람들에게는 돌아가지도 않는다. 그러니 실수에 움츠리지 말고 당당하고 솔직하게 인정하고 개선하겠다는 의지를 보이는 것이 낫다.

높은 지위의 상사일수록 자신감 있는 부하의 모습을 좋아한다. 상사로부터 질문을 받았을 때, 정확하지 않더라도 아는 선에서 최대한 자신 있게 말하고, 틀렸다면 좋은 때를 봐서 수정 보고하는 것이 좋다. 상사들은 솔직함과 당당함에 후한 점수를 준다. 우물쭈물하면 '겸손함'이 아니라 제대로 일을 하지 않았다는 인상을 준다.

부주의는 안된다

실수에도 의미를 부여할 수 있는 것은 문제 해결 과정에서 다시는 틀리지 않는 방법을 익힐 수 있기 때문이다. 하지만 모든 실수가 괜찮은 건 절대 아니다. 같은 실수를 반복하는 경우라면 단순 부주의일 뿐이다. 부주의는 자신의 실수를 심각하게 받아들이지 않기 때문에 생긴다. 상사는 여러 번 같은 지적을 반복해도 개선되지 않는 그 가벼움에 분노한다.

특히 숫자를 틀리는 게 가장 위험하다. 회사는 이익을 내는 집단이고 모든 판단 근거는 철저하게 숫자다. 계산을 잘못하거나 단위가 틀리는 부주의가 반복되면 진짜 실력을 의심받는다.

멀리보기 해라

실수는 분석해야 한다. 재발을 막고 다시 일어서는 명분을 만들기 위해서다. 그러기 위해서는 문제를 객관화하는 것이 필요하다. 실패를 자산화하지 못하는 이유는 내가 그 문제들과 너무 가까이 있기 때문이다.

문제와 떨어지는 가장 좋은 방법은 생각하지 않는 것이다. 보지도 듣지도 생각하지도 않으면 시뻘건 빨간색이 말끔히 지워진 깨끗한 A4만 남는다. 그런 다음 페이지를 다시 열면 보이지 않던 것들이 점차 보이기 시작한다.

분석해서 원인을 알고, 그 원인이 오직 나의 무능력 하나인 것만은 아니라는 것을 알아야 일어설 수 있다.

절호의 찬스다

드라마 〈미생〉의 주인공 장그래는 "모르니까 가르쳐 주실 수 있잖아요"며 슬픈 눈으로 말한다. 작은 실수는 바쁜 상사와 대면할 절호의 기회다. 상사라고 무조건 나쁘기만 한 것은 아니다. 부하를 가르치고, 경험을 공유하는 것을 보람으로 느끼는 상사도 많다. 그들의 비싼 노하우를 얻어 올 좋은 '꺼리'가 된다. 상사들은 비록 실수했지만 적극적으로 해결해보고자 하는 부하를 성장시키겠다는 욕심을 갖는다. 히딩크처럼 말이다.

의심해라

우리는 수렴적 사고에 길들여져 있다. 정리하고 분류하는 데는 도가 텄지만 의문을 가지고 문제를 끄집어 내는 발산적인 사고에는 익숙하지 않다. 문제는 수렴적 사고에 길들여지면 모든 것을 당연한 것, '원래 그런 거'로 믿는다는 것이다.

왠지 모르게 꺼림칙한 것은 무언가 잘못되었다는 분명한 싸인이다. 자신도 어이없고 상사조차 책임져주지 않는 실수는 당연하다고 믿고 시키는 대로 했던 일들이다. 소심하다고 욕먹더라도 의문을 가지는 습관을 가져라.

의심 많은 바보가 세상을 바꾼다는 말도 있다. 꼭 세상을 바꾸지는 못하더라도 구조적 문제, 상사의 잘못된 지시까지 내 실수로 떠안지는 않는다. 확인하는 순간은 5분, 불편하지만 확인하지 않으면 일주일, 한 달, 십 년이 불편해진다.

멍청한 긍정은 습관적 부정보다 나쁘다

매사에 긍정적인 사람이 어쩌다 부정의 카드를 들면 그건 정말 안 되는 일이고 늘 부정적인 사람이 강한 긍정의 신호를 보내면 그건 정말 되는 일이다. 큰 병 걸린 사람이 명약을 찾아다니는 이유는 실제 약의 효능 때문이기도 하지만 좋아질 것이라는 긍정적 믿음을 얻기 위해서이기도 한다.

'100명 중에서 80명이 수술 후 10년은 더 살았습니다'와 '100명 중에서 20명이 수술 후 10년 이내에 죽었습니다'는 같은 내용이지만 다르게 들린다. 같은 현상도 어떻게 설명하느냐에 따라 사람의 판단과 선택이 달라진다. 이를 프레이밍 효과framing effect라고 한다. 사람은 일반적으로 자기에게 이득이 되는 것을 극대화하고 손실은 최소화하는 선택을 한다. 긍정적인 프레이밍을 사용하면 상대를 쉽게 유인할 수 있다. 그만큼 긍정의 표현과 메세지는 강한 힘을 가졌다.

미국의 심리학자 윌리엄 제임스William James는 사람의 얼굴 표정은 감정에 의한 것이 아니라 외부 자극에 의한 것이고 오히려 표정이 감정을 좌우한다고 주장했다. 독일의 심리학자 프리츠 스트랙Fritz Strack은 두 그룹에게 같은 만화를 보여주면서 한 그룹에게는 코와 윗입술 사이에 볼펜을 물게 하고 나머지 그룹에게는 위아래 어금니 사이에 볼펜을 물게 했다. 그리고 만화가 얼마나 재밌었는지 물었다. 예상대로 어금니 사이에 볼펜을 문 그룹이 더 재미있게 만화를 보았다고 답했다. 볼펜 때문에 짓게 된 억지웃음이라 해도 사람들은 웃으면서 경험한 것에 대해 더 긍정적인 느낌을 갖는 것이다.

억지로 웃어도 뇌는 마음이 행복한 것으로 착각하여 엔돌핀을 만든다고 한다. 한때 웃음 치료가 유행했다. 사람들은 무작정 웃지만 결국 마음이 가벼워지는 신기한 경험을 하게 되었고 인위적인 웃음으로도 감정을 변화시킬 수 있다는 것을 알게 되었다. '행복하기 때문에 웃는 것이 아니고 웃기 때문에 행복하다'는 윌리엄 제임스의 명언이 증명된 셈이다.

이처럼 긍정의 감정을 유지하기 위해 적극적인 노력이 필요한 것은 사실이다. 그러나 그저 기분 좋고 마는 일이 아니라 책임의 문제를 남기는 경우라면 다른 이야기가 된다. 지킬 수 없는 약속보다는 당장의 거절이 낫다는 덴마크의 속담이 있다. '긍정의 힘' 때문에 무턱대고 "예" 해놓고 나중에 안 되는 이유를 백가지 늘어놓는 것보다, 책임질 수 있는 것에만 긍정하는 것이 훨씬 강한 신뢰를 준다.

상대의 말이 끝나기도 전에 고개부터 끄덕이는 것은 자리를 모면하기 위한 고민 없는 제스처에 불과하다. 이는 적극적인 성격이냐, 밥상머리 교육을 잘 받았느냐의 문제가 아니다. 시간이 지나면 덥석 물어온 'Yes'가 상사의 화를 자초하는 빌미였다는 것을 깨닫게 될 것이다. 습관적으로 부정하면서 시선을 끄는 나쁜 버릇을 가진 사람들보다 오히려 나쁜 결과를 낳는다.

#믿음이 가는 직원 & 대답만 잘하는 직원

탁탁해 부장은 금요일 늦은 시간 김 상무로부터 긴급 업무지시를 받고 안절부절 못한다. 이미 많은 부서원이 퇴근했고 그나마 남아 있는 사람들도 주말에 출근할 것이 두려워 슬슬 도망가기 시작했다. 그런 탁 부장에게 "부장님, 혹시 제가 할 수 있는 일이면 한 번 해보겠습니다"며 나서는 이는 현명해 대리다.

현 대리는 후배들의 일을 돕는데도 주저하지 않는다. 돕는 차원이 아니라 당사자들보다 더 열심히 일한다. 그래서 늘 퇴근이 늦지만 현 대리만큼 부서 업무를 꿰차고 있는 사람도 드물다. 상사들조차 어려운 일이 생기면 현명해 대리를 떠올린다.

그렇다고 무조건 모든 일에 나서는 건 아니다. 이해가 되지 않는 일이면 쉽게 발을 담그지 않는다. 불합리한 것은 조목조목 따져 묻는다. 평소에 얻은 신뢰 때문에 현 대리에게 불합리한 일을 무조건 강요할 수도 없다. 그래서인지 탁탁해 부장조차도 업무 지시를 한 후엔 현명해 대리의 눈치부터 살핀다.

반면, 탁탁해 대리는 상사의 지시가 떨어지면 큰 소리로 "네, 알겠습니다" 하며 돌아선다. 처음엔 그런 탁 대리의 긍정적 모습에 기분 좋았던 탁탁해 부장은 내용을 잊거나 보고서가 늦거나 문제의 원인조차 파악하지 못하고 있는 탁 대리의 실체를 대하며 실망이 이만저만 아니다. 다음에는 재차, 삼차 확인한다. "탁 대리, 내가 지금 뭐라고 했지? 언제까지 뭘 해오라고 했지? 다시 말해 봐."

#초치기의 대가 식초 과장

탁탁해 과장은 여러 부서의 근무 경험이 많고 의견 내는 것에 적극적인 편이라 회의 시 주로 여론을 주도한다. 하지만 그 누구도 탁 과장과 함께 일하기를 원하지 않는다. "그건 내가 해봤는데 말이야", "그 이론에 의하면 말이지" 본인의 경험과 그럴 듯한 이론으로 안 되는 이유를 대며 초치는 버릇 때문이다. 그래서 탁 과장의 별명은 '식초'다.

그런 탁 과장이 하루는 언성을 높이며 이렇게 말한다. "김평범 대리는 참 부정적이네. 왜 안 되는 이야기부터 하나? 그러니깐 지금 일이 이딴 식으로 흘러가는 거 아냐. 시작도 전에 초부터 쳐대는 나쁜 버릇은 도대체 누구한테 배운 거야?"

탁 과장이 현장 개선 TF팀 리더를 맡게 된 첫날의 회의 모습이다.

회사는 못하는 이유가 아닌 되는 방법을 찾는 곳이다. 불가능을 가능으로 만들기 위해 많은 사람들이 도전하고 실패한다. 그래서 때로는 불가피하게 서로에게 상처를 주기도 한다.

'그건 안 되는 일이야' 투덜이 스머프 같은 부정적 태도, 세부적으로 분석도 하기 전에 '할 수 없다'는 결론부터 내리는 이유는 일이 실패했을 때 져야 하는 책임에 대한 두려움 때문이다. 이런 사람들은 대개 멀리서 관망만 하며 문제의 핵심에 빠져들지 않는다. 이런 습관적 부정이 보편화되면 그 집단은 무기력해진다. 부정은 긍정보다 더 빠르게 전파되고 더 오래 지속된다. 아무 것도 하지 않아도 되는 편안함 때문이다. "이건 아닌데" 하는 생각이 들어도, 더 나은 대안이 없다면 현재에서 최선을 다하는 모습을 보이는 것이 좋다. 대안 없는 비판은 불만 가득한 불평분자로 보인다.

습관적 부정만큼 위험한 것이 '멍청한 긍정'이다. 상하 관계가 명확한 회사 속의 우리는 알게 모르게 긍정의 자세를 강요받는다. 조직과 상사의 입장에서는 긍정적인 부하와 일하면 모든 일이 손쉬워진다. 논리적인 근거를 대지 않아도 되니 시간이 절약된다. 명확하지 않은 지시를 내려도 토 달지 않고 알아서 부딪히고 깨지며 해답을 찾아오니 굳이 똑똑한 상사가 되어야 하는 의무감도 필요 없다. 그러니 멍청한 긍정은 상사나 부하 그 누구에게도 이롭지 않다. 둘 다 멍부

(멍청하면서 부지런한 사람)로 만든다.

쉽게 부정하고 쉽게 긍정하는 이유는 내 것이 아니라는 생각 때문이다. 책임져야 할 일이라고 생각하면 쉽게 긍정하지도 쉽게 부정하지도 못한다. 남에게 보이는 당장의 긍정보다 더 중요한 것은 내가 주인이 되는 긍정, '주도권'이다.

겉으로는 탁 부장이 상사이지만 주도권은 현 대리가 쥐고 있다. 긍정은 고개를 끄덕이는 태도가 아니라 일의 주인이 되는 주도권의 문제다.

본질을 봐라

함께 일할 때 눈치가 보이는 부하들이 있다. 안 되는 이유부터 늘어놓는 부하다. 습관적으로 부정적인 태도를 가진 사람이라 단순히 신경이 쓰이는 정도다. 또 다른 하나는 어려운 일을 결정할 때 의견을 구하게 되는 부하다.

부하니까 무조건 'Yes' 하는 것이 상사에게 점수를 따는 일이라 생각하면 오산이다. 이유를 물어야 한다면 물어야 하고 다른 동료들이 바리케이드를 치고 'No'를 외칠 때도 타당한 이유가 성립되면 'Yes'라고 하는 것이 바로 진정한 긍정이다.

상사는 자신이 보지 못하는 사각지대를 볼 수 있는 부하를 원한다. 당장 눈앞에서 비위만 맞추는 부하보다 결론적으로 자신의 업무 성과에 도움이 되는 부하를 오래 곁에 둔다.

나긋한 부하는 상사에게 기분 좋은 후배다. 실력 있는 부하는 상사에게 재산이 된다. 문제의 본질을 읽을 줄 아는 부하는 상사 자신이 가진 권한 전부를 투자할 보물이다.

보수적으로 판단하지 마라

똑똑한 기업들은 항상 최악의 상황까지 고려해 대응 시나리오를 짠다. 투입과 산출의 전 프로세스에서 '입구'쪽에 가장 큰 공을 들인다. 국가적 차원의 노력에도 불구하고 전염병을 막는데 실패한 것은 긍정적인 예측, 보수적인 판단 때문이었다. '할 수 있을 것 같다'가 아니라 '할 수 있다'여야 하고 '괜찮아 질 것 같다'가 아니라 '문제없다'고 판단될 때 고개를 끄덕여야 한다. 보수적으로 판단하면 멍청해진다.

아닌 건 아니다

충분히 생각하고 분석했는데도 안 되는 일은 안 되는 일이다. 안 되는 일은 부여잡고 앉아서 시간만 허비할 것이 아니라 할 수 없는 명확한 이유를 찾아서 증명해 보이는 편이 낫다. 모든 일이 긍정적 마인드, 도전 의식으로만 되는 건 아니다. 불가능한 일에 무조건 발부터 담그면 실패했을 경우 당초 예상된 외부 환경의 어려움은 무시

되고 근성이 떨어진다는 평가까지 감수해야 한다. 반복되면 무능력자가 된다.

툴툴거리는 스머프가 되어서도 안 되지만 모든 걸 받아들이는 것에만 익숙해지면 자유와 독립은 영원히 보장되지 않는다. 나쁜 상사를 만드는 것은 무조건 나쁜 상사 본인만이 아니다. 부하들이 안 되는 이유를 말하지 않았기 때문이다. 좋은 상사를 만드는 건 똑똑한 부하의 공헌이지만 나쁜 상사가 되지 않도록 하는 건 부하의 똑똑한 비판이다.

확인하고 확인해라

한 번도 부모의 말을 거스른 적 없는 아이가 또박또박 자신의 의견을 이야기하면 부모는 당황한다. 이제껏 아이는 부모라는 절대 권력 밑에서 쉽게 고개를 끄덕였다. 명령에 복종하면 그만이었다. 굳이 결과에 신경을 곤두세울 필요도 없었다. 그러나 사고 회로들이 복잡하게 움직이는 질풍노도의 시기가 되면 타당한 근거에 반응하고 그 결과를 점쳐본다. '왜요?'라는 말을 달고 사는 이유다. 부모들도 한발 물러서 협의를 시작한다. 똑똑한 긍정은 서로가 확인하면서 완성된다.

제일 먼저 가볍게 상사에게 묻고 그 다음 자신에게 무겁게 물어라. 상사는 체에 거르듯 자신의 지시를 확인할 수 있어 좋고 나에게는 주인 의식을 불러내는 계기가 된다. 물에 빠지는 것도, 그 물속에서 헤엄

쳐 나오는 것도 결국 '나'다. 모든 일은 내가 할 수 있어야 할 수 있다.

실천으로 완성하라

진짜 긍정은 몸으로 보여주는 것이다. 비록 마음이 움직이지 않는다 해도 긍정의 결정을 내렸다면 그 순간부터 모든 책임은 '내 것'이다. 말로만 뱉어 놓고 결과를 맺지 못하는 사람에게 신원 보증서를 써줄 사람은 없다.

일단 긍정을 약속했다면 제대로 된 결과물을 내놓는 것이 맞다. 긍정의 장점은 고개를 끄덕여 상사의 기분이나 맞춰주는 것이 아니다. 남들보다 빨리 행동으로 움직이고 그 과정에서 경험과 실력이 쌓여 더 어려운 일을 해낼 수 있는 근력이 생기는 것이다.

현명해 대리는 대리임에도 불구하고 강력한 주도권을 가지고 있다. 경험을 통해서 실력을 쌓았고 실천을 통해 남들에게 결과를 보여주었다. 반면 탁 대리는 과외 선생님들이 말하는 '성적을 끌어올리기 가장 어려운 학생' 중 하나다. 다 이해하는 척 고개를 끄덕이다가 결국 시험에서는 다 틀려 오기 때문이다.

멀리해라

흡연자 옆에 있으면 그와 같은 수준의 위험을 가지듯 습관적으로 부정하는 사람, 멍청하게 긍정하는 사람 옆에 있으면 원래 그렇지 않아도 가까운 미래에 그렇게 될 확률이 높다.

김평범 대리는 습관적으로 부정하며, 안 되는 이유를 대는 탁 과장 밑에서 일을 배웠다. 원래 부정적이라기보다 처음부터 업무를 그렇게 배운 것이다. 탁 과장은 본인이 모든 책임을 져야 하는 리더가 되어서야 습관적으로 부정하는 것이 얼마나 나쁜지, 전염성이 강한지를 알게 되었다.

쉬운 사람이 되지 마라

묘하게 어려운 신입사원이 있는 반면 만만해 보이는 임원도 있다. 카리스마의 차이이다. 카리스마Charisma는 예언이나 기적을 나타내는 초능력이나 절대적인 권위, 신의 은총을 뜻하는 그리스어 'Kharisma'에서 유래되었다.

독일의 사회학자 막스 베버M. Weber가 지배의 세 가지 유형으로 합리적 지배, 전통적 지배, 카리스마적 지배를 말하면서 카리스마는 '대중의 마음을 움직여 따르게 하는 특별한 능력, 재능'의 뜻으로 쓰이게 되었다. 이 카리스마는 감정의 정글 속에 사는 직장인에게 두말할 나위 없는 필수 무기다.

대개 사람은 풀기 어려운 매듭에 집착한다. 쉬운 것은 노력하지 않아도 되니 기억에 남지 않고 그래서 쉽게 잊고 버린다. 버려도 아깝지 않은 쉬운 사람은 사나운 승냥이들에게 잡혀먹기 십상이다.

많은 사람들이 약자에게 강하고 강자에게 약하다. 이것은 힘이나 권력, 계급 뿐 아니라 지식, 재능, 감정 등 눈에 보이지 않는 모든 것에 적용된다. 사람들은 상대가 나보다 강한지, 약한지를 본능적으로, 하지만 매우 종합적으로 분석해 판단한다.

찰스 다윈Charles Robert Darwin은 '환경에 가장 잘 적응하는 생물이나 집단이 살아 남는다'는 자연선택론을 주장했다. 이후 다윈은 진화론을 좀 더 쉽게 설명하기 위해 영국의 경제학자 스펜서H. Spencer가 주장한 '더 좋은 물건과 서비스를 제공하는 회사는 살아남고 그렇지 못한 경우 경쟁에서 도태 된다'는 적자생존survival of the fittest의 개념을 활용했다.

적자생존은 인간사회에 그대로 흡수되어 '적합한 자가 살아남고, 살아남은 자는 적합하고, 그래서 살아남는다'는 순환논리와 '강한 자는 살아남고 약한 자는 소멸된다'는 뜻으로 왜곡되어 이해되기 시작했다. 약자는 잡혀 먹거나 퇴화 되어도 당연한 자연적 현상인 것처럼 말이다.

그럼으로써 강하고 센 것은 좋고 훌륭한 것, 강자가 약자를 지배하고 약자가 강자에게 복종하는 것은 자연의 당연한 섭리라는 논리를 만들었다. 약자는 패배를 경험하면서 더욱 약해지고, 강자는 승리를 거듭함으로써 계속 강해졌다.

그러나 처음부터 강자, 약자는 없다. 다만 환경에 적합한가 그렇지 않은가만 있을 뿐이다. 약자이니 강자에게 질 수밖에 없다는 생각은 적자생존론에 기댄 합리화, 자기 위안이다. 스스로 약자, 쉬운 사람이 되는 길을 택해서는 안 된다. 나이와 직급을 떠나서 결정적인 순간에 휘두를 카리스마를 가지려면 말이다.

#묻지도 따지지도 않는 예스맨

현명해 대리와 김평범 대리는 입사 동기다. 그런데 탁탁해 부장이 두 사람을 대하는 태도는 사뭇 다르다. 현명해 대리에게는 "현 대리, 지금 시간되면 이번 달 광고효과 좀 뽑아주겠나?"라고 묻지만 김평범 대리에게는 아무 때나 수시로 "김 대리. 밑에 택배가 왔다는데 좀 가져다 줘"라고 한다.

두 대리의 반응도 무척 다르다. 현명해 대리는 "부장님, 어디에 쓰시려고 하십니까? 내일 오전까지면 되시겠습니까? 지금은 어제 부장님이 시키신 경쟁사 광고 현황을 조사하고 있어서요."라고 말하지만 김평범 대리는 탁탁해 부장의 말이 끝나기 무섭게 엘리베이터를 누르고 내려간다. 어디서 온 택배인지, 무슨 물건인지 묻지도 않고 말이다.

#스스로 만든 올가미

탁탁해 부장은 부하들에게 묘한 경쟁을 부추기는 것으로 유명하다. 대놓고 비교하면서 자존심에 생채기를 낸다. 자신에게 호의적이지 않은 부하들은 업무나 모임에서 철저하게 배제시킨다. 그러면서 고분고분한 부하들에게 업무를 맡기고 충성심을 약속 받는다.

"김 과장이 이 일의 담당자였지? 이번엔 이 일에서 빠지고 대신 탁 과장이 한번 맡아서 해 봐." 하거나 "현명해 대리는 영어도 잘하고 중국어도 하고 회계 자격증도 있는데 김평범 대리는 같은 입사 동기인데 토익 성적 말고는 아무것도 없네. 입사는 도대체 어떻게 한 거야?"라고 눈앞에서 비교의 잣대를 들이민다.

불안해진 부하들은 탁 부장의 마음에 들기 위해 앞다퉈 경쟁하기 시작한다. 경쟁자들을 비방하기도 하고 공적인 자리에서 상대의 단점을 일부러 폭로하기도 한다. 이런 일이 몇 번 반복되자 탁 부장을 욕하며 서로를 감싸주던 과장, 대리들도 서로가 서로를 믿지 못하는 상황이 벌어진다. 탁 부장은 이런 순간이 오면 다시 김 과장에게 일을 되돌려 주고 현명해 대리에게는 "김평범 대리가 그러는데, 그 회계 자격증도 세 번 만에 딴 거라며? 전공이 경영학이면서 어떻게 두 번이나 떨어지냐" 하며 돌변한다.

탁 부장의 환심을 얻기 위해 서로가 서로의 단점을 이용한지라 이미 모두 탁 부장에게 아무렇게나 주물러도 되는 쉬운 사람, 약자가 되어 버렸다. 탁 부장은 이미 많은 단서들을 올가미로 활용하고 있다.

선배의 코칭

상사와 가까워지기 위해 쉬운 부하가 되는 길을 택하지는 마라. 상사는 편한 부하와 쉬운 부하를 용도에 맞게 활용하고 이용 가치가 떨어지면 매몰차게 버린다. 만만해 보이는 순간 덥석 낚아채는 게 나쁜 자들의 본능이다. 나쁜 상사들의 먹잇감, 표적이 되면 직장 생활은 미궁으로 빠져든다. 상사의 마음을 얻으려는 급한 마음에 엘리베이터부터 누르고 달려가기 시작하면 "그 친구, 몸 한번 빠르네"라는 짧은 칭찬으로 시작해서 "그 녀석은 머리보다는 몸 쓰는 일 시켜야지"로 결론난다.

같이 일을 하는 부하가 될 것인지 그저 상사의 뒤치다꺼리나 하는 부하가 될 것인지는 나에게 달렸다. 삶은 속도가 아니라 방향이라는 말처럼 누구에게나 무조건 달려가지 마라. 달려간 속도로 버려진다.

조직 생활에서 긍정적인 태도와 마음가짐이 매우 중요하다고 배울 것이다. 빨리 좋은 자리로 가고 싶은 성급함 때문에 상사의 마음을 쉽게 사고도 싶을 것이다. 그러나 긍정은 쉽게 내주는 것과는 다르다. 환경에 잘 적응하는 것이 가볍게 움직이는 것을 뜻하지는 않는 것처럼 말이다. 옳지 않고 비합리적이고 불편한 것에 쉽게 'Yes' 하면 쉬워지고 약자가 되고 그 다음 버려진다.

판부터 읽어라. 읽기도 전에 쫓아가기 시작하면 이미 진 싸움이다. 기술이나 재능이 부족해서가 아니다. 내가 무게 중심이 되려면 추가 어디에 달려 있는지, 얼마만큼을 옮겨야 하는지 세勢를 읽어야 한다. 카리스마는 그렇게 시작하고 결국 아우라가 된다.

실력만한 건 없다

실력 있는 부하는 쉽지 않을 우선권을 가진다. 범접할 수 없는 아우라, 카리스마는 실력에서 나온다. 나의 성과를 책임질 부하를 아무렇게 대할 간 큰 상사는 없다. 당당하게 내 자리를 요구할 수 있는 실력부터 만들어라.

뒤처지는 순간 스스로 몸을 낮추게 되고 상사는 그런 나에게 으스대며 충성심을 약속받으려 할 것이다. 애매하게 상사의 비위부터 맞추려 들면 쉬워질 것이고 실력으로 인정받으면 자연 선택된다. 그게 강자가 되는 가장 건강한 방법이다.

드라마 〈정도전〉에서 이인임은 이렇게 말했다. "힘없는 자의 용기만큼 공허한 것도 없지요. 세상을 바꾸려거든 힘부터 기르세요. 고작 당신 정도가 떼쓴다고 바뀔 세상이었으면 난세라 부르지도 않습니다." 직장인에게 힘이란 실력, 업무 능력이다.

쉽게 내주지 마라

문간에 발 들여 놓기 기법에 넘어가지 마라. 사람은 일단 작은 부탁을 들어주고 나면 상대가 다음에 무리한 부탁을 해와도 들어줘야 할 것 같은 의무감을 느낀다. 작은 용서가 큰 불합리가 되고 강자의 폭력이 된다. 언젠가 낙타에게 천막마저 내주고 사막에서 자고 있을지 모른다. 문제는 너무 작은 것으로 시작해서 커다란 불합리가 와도 인식하지 못한다는 것이다. 길들여졌기 때문이다. 공룡처럼 일이 커진 다음에는 용기를 내는 것조차 쉽지 않다. 쉽게 내줬다는 이유로 약자가 손가락질 당하는 경우도 허다하다.

의도적으로 괴롭히고 막말하는 상사를 그냥 두면 안 된다. 많은 사람들 앞에서 권력을 위시하도록 내버려 두면 진짜 표적이 된다. 옳지 않은 것, 예상되는 부조리는 사전에 막아서야 한다. 처음에는 택배였다가, 다음에는 개인 심부름이었다가, 마지막에는 부정에 가담하게 된다.

변명하지 마라

상사의 비린내 나는 용인술을 탓하기 전에 너무 쉽게 머리를 조아렸던 자신부터 반성해라. 상사를 나쁘게 만드는 것은 쉬운 부하들의 변명이다. 상사들의 마음을 쉽게 얻을 욕심에 바른말을 미뤄두거나 경쟁자를 모함하거나 '굳이 내가!'라는 생각으로 버티면 상사들은 아첨의 맛에 길들여지고 부서를 정치판으로 만든다.

누구는 줏대라고 부르고 누구는 자존심이라고 부르는 소신을 너무 쉽게 내던지지 마라. 얄팍한 상사의 눈길을 끌 수는 있어도 무게

감 있는 상사의 신뢰까지 얻기는 힘들다. 옆구리만 찔러도 상사의 눈빛에 따라 빈대떡 뒤집듯 이랬다저랬다 하는 것은 상사뿐 아니라 부하가 봐도 쉬워 보인다. 애인을 배신하고 나에게 온 연인을 의심하는 이유는 단 하나다. 같은 일을 반복하지 않을까 하는 인간 행동의 예측성 때문이다.

각성시켜라

상사의 지시에 무작정 몸부터 움직이지 말고 왜 해야 하는지 한 번은 물어라. 상사에게도 한 번 더 생각할 기회가 된다. 지시의 구체성은 떨어지지 않는지, 합리적인 일인지 말이다. 상사의 말에 빠르게 반응한다고 인성 좋다는 평가를 받지는 않는다. 물론 상사들은 묻지도 않고 엘리베이터로 달려 나가는 부하를 더 좋아하기는 한다. 태도가 좋아서도, 긍정적 마인드를 가지고 있어서도 아니다. 설명하지 않아도 되고 동의를 구하지 않아도 되고 언제든지 부리기 쉽기 때문이다.

잘못 들어서, 잊어버려서 하는 질문은 아무 의미가 없다. '왜' 그렇게 해야 하는지, '왜' 그렇게 되었는지를 물어야 한다. 업무적으로나 인간관계에서도 긍정적 긴장감을 유지할 수 있다. 만만한 부하로 출발하면 만만하게 버려진다.

빌미를 주지 마라

옳지 않은 방법과 좋지 않은 생활 태도는 상대의 단점을 이용하는 사람들에게 좋은 먹잇감이다. 힘 있는 사람은 강점도 단점으로 구워낸다. 약점 잡힐 일은 할 생각도 마라. 편법, 거짓말, 좋지 않은 말버릇, 술버릇, 복잡해 보이는 금전 및 애정 관계 등은 짱짱한 빌미가 된다.

타인의 단점을 이용하는 것도 결국은 자신의 올가미가 된다. 상사 앞에서 동료를 흉보면 나쁜 상사들은 기쁘게 받아먹기도 하지만 그것 또한 나를 잡는 덫으로 활용한다. 깔끔한 사람들에게 나쁜 친구들이 꼬이지 않는 것처럼 단정한 부하에게 대놓고 부당한 것을 요구하는 상사는 그리 많지 않다.

회사의 부하가 돼라

가장 위험한 꼬리표 중 하나가 누구는 누구의 사람이라는 소문이다. '누구의 사람'은 절대 '누구'의 명령을 거절할 수 없다. 누구나 아는 '누구의 사람'이기 때문이다. 그래서 다른 많은 상사의 사람이 되는 기회를 잃는다. 직장에서 누구의 라인이니, 오른팔이니 하는 소리는 다음에 그 자리를 맡게 될 상사의 과녁이 되는 지름길이기도 하다.

A부장에게는 업무 능력을, B부장에게는 리더십을, C부장에게는 인간관계의 노하우를 배워라. 한 명의 강자에게만 엮이면 쉬운 사람이 될 확률이 높다. 상사의 부하가 아닌 회사의 부하가 되어야 한다.

07
感 ●---------------● 情
질투와 경쟁

질투난다면 이기는 방법부터 찾아라

학창 시절, 기형도 시인을 좋아했다. 〈질투는 나의 힘〉이란 시는 제목만으로도 눈길이 갔다. 그리고 한참을 지나 조선일보 어수웅 기자의 글을 읽게 되었다.

암을 앓다 지난해 타계한 최인호 작가를 회고하는 글이었다. 최인호 작가는 살아생전 맘에 드는 글을 만나면 무작정 전화부터 걸었다고 한다. 대부분 젊은 작가들이었다는데, 직접 만나는 자리에서는 특유의 '아이 러브 유' 공세와 뽀뽀 세례를 퍼붓기도 했다는 것이다. 처음에는 후배에 대한 선배의 애정과 배려 정도인 줄 알았지만 그 이면에 불타는 질투가 배어 있다고 했다.

"나는 이 친구들의 문장을 보면 미칠 것 같아. 부러워서 견딜 수가 없어. 다시 병이 나을 수만 있다면, 다시 젊어질 수 있다면, 100m 스프린터처럼 단숨에 달릴 수만 있다면."

기자는 덧붙였다. '어쩌면 이 아름다운 질투야말로 최인호를 '영원한 청년 작가'로 만들어준 자양분이 아니었을까'라고. 이토록 건전한 질투를 보았나.

보통의 사람에게 질투는 더할 수 없는 지옥이다. 처음에는 부러움의 눈길로 바라보다 그 찬란함을 미워하고 어느새 모략의 단계에 이른다. 제3자가 개입해 불을 붙이면 나락으로 떨어지는 건 시간문제다. 인간의 본능이라지만 매우 위험한 결과의 씨앗이 된다.

남을 향한 화살이 그것이다. 인기리에 방영된 드라마 〈별에서 온 그대〉의 주인공 천송이는 오랫동안 자신을 질투해 온 친구에게 이런 대사를 읊는다. "사람 심리가 그렇다더라. 나보다 좋아 보이는 곳에 있는 인간을 보면 '나도 거기 가야겠다'가 아니라 '너도 내가 있는 구렁텅이로 내려 와라, 내려 와라' 그런대. 미안한데, 나 안 내려가. 네가 사는 그 구렁텅이." 러시아에는 이런 우화도 있다. 소 없이 밭을 갈고 있는 가난한 농부에게 소원을 말해보라 하자 '나도 소가 생겼으면 좋겠다'가 아니라 '이웃집 소가 지금 당장 죽었으면 좋겠다'고 했다 한다. 이처럼 질투는 상대보다 높이 올라가려는 노력보다 남을 끌어 내리는 손쉬운 선택을 하도록 부추긴다.

또, 질투는 자칫 나를 찌르는 칼이 될 수도 있다. 어려운 일도 척척

해내는 동료를 보면 부러움의 감정을 넘어 상대적으로 부족한 나의 능력이 언젠가는 만천하에 들통날 것 같은 불안감, 즉 가면 증후군에 시달린다. 결국 깊은 열등의식으로 발전하고 나의 재능, 능력조차 부정하고 의심하게 된다. 스스로를 더 작은 존재로 만들어 버리는 것이다.

남을 끌어내리고 나의 부족함을 후벼판들 문제가 해결되지 않는다는 것을 누구나 안다. 하지만 알면서도 감정의 회오리에서 헤어나기 힘들다. 비슷한 능력을 가진 사람들이 모여 제한된 자리싸움을 해야 하기 때문이다. 매순간 비교의 도마에 올라 칼질을 당해야 하니 부러워하고 미워하는 감정의 산에 부딪칠 수밖에 없다. 최인호 작가가 그랬던 것처럼 '질투는 직장인의 힘'이 될 수는 없을까?

#이기려는 목표

탁탁해 부장은 부서에 함께 발령 받은 현명해 사원과 김평범 사원 중 스펙 좋은 김평범 사원을 유달리 편애했다. 폼나는 일들은 모두 김평범 사원에게 밀어줬다. 결과도 나쁘지 않아서 탁탁해 부장은 대놓고 김평범 사원과 현명해 사원을 비교하고 저울질했다.

김평범 사원은 탁탁해 부장을 등에 업고 현명해 사원을 후배 대하듯 했다. 현명해 사원은 하루하루가 지옥 같았지만 자신의 능력을 증명하기 위해 두세 배 노력했다. 그러나 탁탁해 부장의 마음까지 얻기는 힘들었다. 결국 현명해 사원은 부서를 옮겼다.

지금 현명해 사원은 기획팀장이다. 김평범 사원보다 무엇이든 잘하려고 발버둥 쳤던 오기는 오히려 자신을 채찍질하는 계기가 되었다. 비교대상이 있으니 이기려는 목표가 확실했던 것이다. 상사의 편애 속에서 편하게 일했던 김평범 사원은 아직 차장이다. 현명해 팀장은 차라리 탁탁해 부장에게 고맙다.

#훈남들의 레이스

현명해 대리와 총명해 대리는 같은 부서의 동갑내기다. 업무 능력, 언변, 외모, 인성까지 믿고 보는 보증수표다. 다만 현 대리는 영어, 중국어 등 어학 실력이 뛰어났고 총 대리는 어학에는 별 소질이 없었다.

탁 부장은 개인 면담 중 총 대리가 1년 넘게 영어 공부를 하고 있다는 사실을 알게 되었다. 그리고 곧, 토익 800점을 넘겼다는 소식을 들었다. 그리고 얼마 뒤, 현 대리가 야간 대학원에 등록하겠다며 추천서를 부탁한다. 아마 석사 학위를 가진 총 대리 때문이 아닐까 하고 탁 부장은 짐작한다.

신기한 것은 알게 모르게 경쟁 관계인 현 대리와 총 대리가 그 어느 동료들보다 가깝다는 것이다. 자신만의 노하우와 새로운 정보를 공개하는 데도 결코 인색하지 않다. 눈치 없는 탁 부장이 서로를 대놓고 저울질해도 아랑곳하지 않는다.

우리는 평생을 저울질 당하며 산다. 한 번도 본 적 없는 엄마 친구 아들이나 딸은 이제 옆집 남편, 친구 부인으로 성장했다. 실체 없는 '잘난 사람들'은 시도 때도 없이 등장해 열등의식을 부추긴다.

게다가 회사는 업무 능력, 역량, 태도, 미래 가능성 등을 매우 구체적인 방법으로 비교 평가하고 고과, 연봉 등을 차등 보상한다. 감정의 문제에 현실적인 '대가'가 개입된 것이다. 시기, 질투, 분노의 감정이 폭풍처럼 밀려오는데 여기에 말려들면 끝장이다. 무대 위가 아니라 거울을 보고 싸워야 하는 신세가 된다. 백설공주 이야기에 등장하는 왕비는 백설공주와 싸운 게 아니라 끊임없이 거울을 보며 자기 자신과 싸웠다.

상사는 선택권을 가졌다. 기왕이면 더 좋은 재료를 고르려 한다. 비교하고 흥정을 붙이는 건 물건을 사는 사람의 기본 권리다. 상사의 한마디, 한마디에 너울처럼 춤추기 시작하면 화나고 억울하고 결국은 비굴해진다. 이기려면 싸움 붙이는 사람이 아니라 싸움판에 서 있는 상대를 읽어야 한다. 저울질하는 상사에게 휘말리면 조선시대 후궁들처럼 살벌한 눈빛을 하며 살아야 한다.

경쟁은 분명 심적 자극이 되고 목표를 향한 분명한 동기가 된다. 구체적인 방향을 제시하는 긍정의 얼굴을 가졌다. 거북이는 토끼 덕분에 쉬지 않고 달릴 수 있었다. 토끼 또한 앞으로는 자만심 때문에 승리를 잃지는 않을 것이다. 멀리 보면 거북이만 이긴 게 아니다. 누가 누구에게 지더라도 결국 둘 다 한 단계 뛰어 오르는 것이 경쟁의 참 의도다. 지금은 '저 정도'에게 지는 것이 울화통 터질 일이겠지만 '저 정도' 덕분에 한 단계 훌쩍 커서 이기는 날을 맞이하게 된다.

앞으로 아이디어 싸움에 밀리고 실적으로 쪼이고 승진 문제로 비참해지는 순간을 겪을 것이다. 죄 없는 나를 후벼파지도, 무작정 상대를 끌어내는 것도 아닌 제3자의 객관적인 시각으로 '이기는 방법'을 터득해야 한다.

객관화해라

감정을 객관화할 줄 알아야 질투가 아닌 상대와의 싸움, '경쟁'의 마당으로 뛰어 나올 수 있고 트로피도 차지할 수 있다. 경쟁자와 대비되는 모든 것을 숫자로 환산하고 비교해보자. 업무 능력, 인성, 어학 능력, 인간관계, 문제 해결 능력에서부터 근태, 체력까지. 그러다 보면 왜 경쟁자가 높은 점수를 얻을 수밖에 없는지 그 명백한 현실과 마주하게 된다. 상대가 약아서도, 재수가 좋아서도 아닌 실력 우위임을 인정하면 마음 편하게 경쟁할 수 있다.

TV를 보며 '누구는 감정 표현이 좋고 누구는 발음이 나쁘고', '누구는 수비가 뛰어나고 누구는 압박 공격을 잘하고' 하며 가볍게 평가하던 기분을 떠올려보자. 연기자, 운동선수를 올렸던 것처럼 가벼운 마음으로 나 자신을 도마 위에 올려보자.

분야별 최고를 찾아라

요즘은 그냥 공부 잘하는 사람, 없다. A는 수학을 잘하고 B는 국어를 잘하고 C는 영어를 잘한다. 선택과 집중의 결과다. 그냥 '일 잘한다'고 소문난 사람 말고 어학 실력 뛰어난 동료, 보고서를 기막히게 쓰는 동료, 인간관계가 좋은 동료 등 분야별 최고를 찾아라.

막연한 질투의 감정이 분산되어 자유로워진다. 특정인에 대한 날선 질투심이 아니라 다양한 분야의 경각심으로 바뀐다. 나를 발전시킬 뿐만 아니라 상대를 긴장시키고, 결국은 둘 다 훌쩍 성장한다. 하나의 분야에서라도 최고가 될 수 있다는 자신감도 생긴다.

가깝게 지내라

족발하면 누구나 장충동을 떠올린다. 모두 원조라고 떠들며 날카로운 발톱을 세우지만 그렇다고 장충동을 떠나지는 않는다. 경쟁자와 가까이 지내야 한다. 옆에 두고 봐야 경쟁자들의 노하우도 흉내 낼 수 있고 어떤 쓸 만한 정보를 가지고 있는지 엿볼 수 있다.

경쟁자는 무찔러야 하는 적이 아니라 넘어야 할 산이다. 그 산을 넘으려면 내 곳간부터 열어야 한다. 손톱만한 정보도 주지 않고 보물단지처럼 끌어안고 있으면 푹 익어서 결국에는 쓸모없는 물건이 된다. 정보를 혼자만 쥐고 있어서는 경쟁자를 이길 수 없다. 정보는 자연스럽게 흘러가는 데서 가치가 발생한다. 나부터 문을 열자.

남의 것을 얻으려면 내 것부터 내놓는 게 바로 거래의 이치다. 교환을 하면 이익이라는 게 생기는 법이다.

나쁜 것부터 배우지 마라

경쟁자의 노하우를 배우는 벤치마킹은 나쁜 것을 배우는 지름길이기도 하다. 성공한 것은 좋은 것과 나쁜 것을 모두 가지고 있다. 어설프게 흉내 내면 나쁜 것부터 배우게 된다. 모방하기 쉽기 때문이다. 그리고는 좋아지고 있다고 착각한다. 선진사의 기술, 지식, 수용성, 판단력, 선견력을 배우는 것이 아니라 과도한 경쟁, 권위, 자만심 등 부정적인 것들을 먼저 흉내 내는 것이 문제다.

수십 년 자란 뿌리와 상관없이 줄기만 싹뚝 잘라 비교하면 땅 밑에서부터 올라온 자양분이 아닌 극약 처방한 영양제가 성장의 이유처럼 보인다. 상대의 나쁜 것을 배우고 오래 쌓아온 나의 좋은 것을 버리면 결국 더 나빠진다. 나의 좋은 것은 끝까지 지키는 게 '경쟁'의 기본 원칙이다.

판을 바꿔라

싸움 자체가 되지 않는다면 싸움이 열리는 판을 바꿔라. 부서를 옮기든, 업무를 바꾸든, 회사를 옮기든. 더 잘할 수 있는 기회는 얼마든지 있다. 내가 잘할 수 없는 판에서 지옥 같은 마음으로 싸우지 말고 내가 잘할 수 있는 판에서 여유롭게 경쟁해라. 볕들 날 기다리며 지하방에서 평생을 보낼 순 없다. 무턱대고 버티는 건 인생의 낭비다.

상사와 경쟁해라

경쟁은 비교지만 존경은 감탄이다. 좋은 상사가 있다면 존경하고 감탄으로 끝날 것이 아니라 그들의 업무 능력, 인성, 리더십 모두를 현재의 나와 비교해보고 모방해야 한다.

동료와 경쟁하면 현재가 나아지지만 상사와의 레이스는 미래가 달라지는 일이다. 상사는 시간과 경험의 깔대기를 지나온 사람들이다. 좋은 상사를 흉내 내면 불필요한 찌꺼기를 남기지 않고 성장할 수 있다. 리더십까지 먼저 배울 수 있고 열등의식 없이 남을 끌어내리지 않고 성장할 수 있다.

2

관계

關 係

살리기

뒷담화는 다 들린다

사람에게는 위험한 순간 작동하는 방어 본능이 있다. 그중 하나가 바로 뒷담화다. 상대를 직접적으로 공격하지 않고 제3자에게 지지를 호소한다. 뒷담화는 당초 적과 아군을 구별하기 위한 목적으로 시작되었지만 지금은 심리적 지지, 위로, 안정감, 존재감 확인의 성격이 더 크다. 그런데 문제는 여기에서 시작한다. 좋은 말도 변질되는 마당에 나쁜 말은 확대 재생산되고 날개를 단다. 결국 누군가에게 칼이 된다. 의도하건, 의도하지 않건 심리적 위안으로 시작한 뒷담화는 활이 되고 총이 되어 어느새 마녀 사냥 중이다.

전봇대에 포스터 한 장이 붙었다. 〈뿌린 대로 거두리라What goes around comes around〉라는 제목의 이 포스터는 전봇대 기둥에 둥글게 감겨 있다. 군인이 겨눈 총구는 다시 그 자신을 향하고 전투기에서 나온 미사일 역시 전투기로, 수류탄 역시 다시 나에게, 탱크의 총부리 역시 탱크로 향한다. 이 반전 포스터는 우리나라의 광고인이 만든 작품으로 10여 개의 국제광고 공모전을 휩쓸었다.

뒷담화와 전쟁은 비슷한 성격을 가졌다. 한 번 시작하면 서로를 무섭게 쏘아대기 시작하고 끝나고 나면 누구랄 것도 없이 상처를 입는다. 직접 총부리를 겨누든, 말로 도마 위에 올리든 결국 되돌아와 자신도 피해자가 된다.

#낮말도, 밤말도 상사가 듣는다

구매팀 승인파트는 어제 오랜만에 즐거운 회식시간을 가졌다. 탁탁해 부장을 제외한 파트원 모두가 모였다. 회식이 무르익자 어김없이 탁탁해 부장이 안주로 올라왔다. 업무적인 소심함에서부터 촌스러운 외모와 업무지시를 내릴 때의 버릇까지 다양한 주제들이 오갔다. 책 한 권이 나올 정도다.

그런데 다음날 오전 회의를 마친 탁탁해 부장이 느닷없이 승인파트를 소집한다. "내 허락 없이 파트원 모두가 모이는 모임은 만들지 마세요. 음주 사고가 날수도 있고 쓸데없는 말들이 오갈 수도 있고…" 그리고 회의실을 나서며 김평범 대리를 향해 한마디를 남긴다. "김 대리가 내 흉내를 그렇게 잘 낸다면서? 언제 한 번 보도록 하지."

#종합 보고서라니

탁탁해 부장은 부서원들과 개별 소주 면담을 진행하고 있다. 오늘은 김평범 대리 차례다. "김 대리는 최 상무님에 대해 어떻게 생각하나?" 탁 부장의 물음에 취기도 올랐겠다, 비위도 맞출 겸 김평범 대리는 평소 동료들에게 들었던 최 상무에 대한 인물평 몇 가지를 꺼내놓았다.

그런데 얼마 뒤, 김 대리는 최 상무 자리에서 놀라운 보고서를 발견했다. '종합 보고서'라는 제목으로 작성자는 탁 부장이었다. 부하 사원들이 최 상무를 어떻게 생각하는지에 대한 내용이었다. 그저 탁탁해 부장의 비위를 맞추기 위해 몇 마디 했을 뿐인데 자신의 말은 그야말로 적나라한 표현으로 둔갑해 있었다.

"탁 부장, 성격 참 이상해. 변태 같지 않냐." 이런 뒷담화는 대개 '상대는 이상'하고 그래서 '나는 피해자'라는 여론을 형성하기 위한 나름의 자기 보호적 성격을 띤다. 업무상 갈등으로 시작된 뒷담화가 상대의 성격, 말투, 외모, 옷차림, 심지어는 사생활에 대한 내용으로까지 번지는 건 나에 대한 지지와 상대에 대한 반대 여론을 형성하기 위한 본능적인 행동이다.

문제는 뒷담화가 단순한 심리적 지지에서 끝나지 않고 갈등을 극대화한다는 것이다. 뒷담화의 내용이 유포되는 건 일차적 문제다. 더 큰 문제는 말로 내뱉다 보면 그 말들이 돌이킬 수 없는 낙인처럼 마음에 남는다는 점이다. 푸념으로 시작했다가, 호언장담이 되고, 지키고 싶지 않은 약속이 된다. 무엇보다 자기 자신에게 가장 좋지 않다.

게다가 상사에게 가십거리를 제공하는 것으로 충성심을 인정받는 동료, 부하는 의외로 많다. 5호 담당제*는 북한에만 있는 것이 아니다. 뒷담화를 이용하는 사람들은 긍정적인 양질의 정보도 왜곡하고 필요에 따라 무기로 활용한다. 마음의 갈등, 불만을 제3자에게 늘어놓기 시작하면 진심은 사라지고 꽈배기만 남는다. 갈등은 뒷담화가 아니라 진심으로 풀어야 한다. 그래야 생채기가 남지 않는다.

편견을 사지 마라

가까운 상사, 부하, 동료를 대상으로 하는 대화에는 개입하지 않는 게 좋다. 정보를 얻는 것은 좋지만 그만큼의 편견까지 떠안아야 한다. 직접 보고 판단할 수 있음에도 남들의 눈과 머리로 만들어진 선글라스를 쓰게 된다. 대개 그런 정보는 자신의 상황, 입장에 따라 판단한 결과물이기 때문에 심하게 왜곡되어 있다. 게다가 사실보다 크게 부풀어 있다. 상사, 동료, 부하와는 적당한 거리를 유지하는 것이 좋다. 너무 가까이 있으면 반대편을 보지 못한다. 허물없이 지내면 허물을 들킨다. 굳이 뒷담화의 소재를 제공할 필요는 없다.

---

* 5호 담당제 : 북한 주민 다섯 가구마다 한 명의 선전원을 배치하여 당적 지도라는 명목으로 가족 생활 전반에 걸쳐 간섭, 통제, 감시하는 제도.

조용히 들어라

뒷담화는 적극적으로 맞장구를 치기보다 조용히 들어주는 것이 좋다. 뒷담화는 상처난 자존심을 위로받기 위함이 대부분이다. 들어주는 것으로 족하다. 뒷담화에 적극적으로 개입하는 것은 옆 테이블의 싸움을 말리다 가해자가 되는 것과 같다.

어디에나 기가 막히게 이야기를 만들어 내는 사람들이 있다. 이런 사람들은 대개 모든 사건을 자신의 입장에 맞게 축소하거나 부풀린다. 과도한 감정 표현과 불필요한 의견 개입으로 마녀사냥의 연출가가 되지 마라. 뒷담화가 직장 생활의 윤활유라는 말은 거짓말이다.

시험에 들지 마라

허심탄회하게 직장 생활의 어려움을 이야기해보라는 상사의 제안에 '기회는 이때다' 싶어 동료나 상사의 이름을 끌어와서는 절대 안 된다. 상사는 종종 나의 성향과 품성을 테스트하기 위해 고충 처리 방식을 활용한다. 비밀이라는 단서를 달고 솔직한 심정을 이야기해도 덫을 놓기로 작정한 상사는 그 비밀을 흉기로 둔갑시킨다.

남의 말은 그 사람 앞에서 하는 것이다. 뒤에서 하는 말은 어떻게 각색될지 모르고 각색되더라도 마땅한 변명거리를 찾기 힘들다. 상사는 지금 다른 이에게 나의 이야기를 듣고 있을 것이다.

정보견이 되지 마라

남들의 뒷담화를 물어다 주는 정보견이 되지는 마라. 남의 마음을 사는데 필요한 건 카더라 통신의 저급 정보가 아니다. 이런 부하에 익숙해진 상사는 회사를 정치판으로 만든다. 약삭빠른 부하들은 다시 이런 상사를 이용하려 들고 나는 다시 그들의 피해자가 된다. 확인되지 않은 B급 정보는 머리에 넣어 재전송하는 게 아니라 한 귀로 듣고 한 귀로 흘려보내는 것이다. 하수도가 막히면 냄새나는 것과 같은 이치다.

초대받지 마라

뒷담화는 편가르기의 시작이다. 대개 뒷담화는 공적인 자리가 아닌 사적인 모임에게 이뤄지는데 그런 자리에서 나온 얘기는 그 자리에 모인 사람들만의 비밀스런 약속이 된다. 나쁜 정보를 공유하면 무언의 동질의식이 형성되기 때문이다.

"혹시 소문이 돌면 다 여기서 나간 얘기니깐, 다들 입 다물고 있어." 뒷담화의 주역들은 모임 끝에 항상 이런 주문을 한다. 그리고 또다시 비밀스런 회동이 시작되고 정기적 모임으로 발전하고 알게 모르게 집단화된다. 이런 곳에 자꾸 초대되면 마음이 복잡해지고 초대되지 않으면 혹시 왕따가 된 건 아닐까 불안해진다.

뒷담화는 정보가 아니다. 뒷담화 모임은 인맥이 아니다. 따돌림당

한다고 느껴져도 개의치마라. 그 모임에 초대받지 않은 것을 고마워 할 때가 반드시 온다.

진심으로 해결하라

뒷담화의 시작은 갈등에서 시작한다. 갈등은 둘 사이의 객관적인 차이와 그에 따른 주관적인 감정 때문에 생긴다. 대립하는 둘의 차이가 너무 크거나 가치관 때문에 감정이 너무 벌어져 있는 경우, 갈등은 고조된다.

갈등의 해결방법에는 강요, 회피, 양보, 협력, 타협이 있는데, 협력, 타협에 익숙한 조직의 경우 자연스레 해결점을 찾는 반면 강요, 양보하는데 익숙한 조직은 강자와 약자의 골을 깊게 한다.

강요나 양보보다 더 나쁜 것은 '회피'다. 뒷담화도 회피 중의 하나다. 문제의 원인이나 해결에 집중하지 않고 아무 연관도 없는 제3자에게 도움을 청하는 것이다.

겉으로는 모든 걸 감수할 듯 양보의 자세를 취하다가 뒷방으로 나와 속삭일 것이 아니라 눈앞에서 적극적인 해결을 시도하는 것이 낫다. 뒷담화의 후폭풍을 이겨낼 용기가 있다면 강요든 양보든, 타협이든 팔을 걷어붙이고 협상 테이블에 앉아 진심을 열어 보여라.

단, 너무 서둘러서는 안 된다. 상사와 이야기 할 때 성급히 반론을 제기해서도, 사실을 조목조목 지적해서도 안 된다. 해결책도 상사의 입에서 나와야 하고 결과가 좋았을 경우 100% 상사의 공으로 돌려야 한다. 대부분의 상사가 아집과 권위로 가득 차 있지만 진심으로 다가가면 마음을 연다. 진심의 힘은 어디서든 통한다.

나쁜 상사 말을 듣는 당신도 유죄다

기업가가 옳지 않은 방법으로 비자금을 조성하거나 자금 담당자가 엄청난 공금을 횡령해 법의 심판을 받는 기사를 보면서 항상 이런 생각이 들었다. 회사에는 정해진 프로세스가 있고 회계나 세금, 준법 관련한 견제 장치들이 엄연히 존재하는데 어떻게 그렇게 비정상적인 방법이 가능했을까? 모두가 공범인가?

윗사람으로 부터 폭행, 강압적 업무 지시 등 정상적으로는 생각하기 힘든 처우를 받으면서도 종교 집단과 같은 맹목적인 충성심을 보인 사건들을 보면서도 의아심을 지울 수 없었다. 집단 지성으로 백과사전도 뚝딱 만들어 내는 최첨단 사회에서, 어째서 횡령, 부정, 부패, 불륜 같이 나쁘고 험악한 단어들이 여전히 가능한 것일까? 나도 너도 나쁘지 않은데 왜 '우리'는 나쁜 것일까?

복잡한 고민이었지만 답은 의외로 간단했다. 모두가 침묵하고, 방종하고 암묵적으로 동의하기 때문이다. 그리고 나도 너도 모두가 다른 사람을 탓한다. 나는 단지, 시키는 일에 충실했을 뿐이라고.

제2차 세계대전에서 유대인을 대학살한 주범으로 독일 나치 친위대 중령 칼 아돌프 아이히만Karl Adolf Eichmann이 잡혀 법정에 섰다. 아돌프는 자신은 단지 '상부에서 내려온 명령에 충실'했을 뿐이라고 주장했다.

당당한 그의 모습을 보며 심리학자 스탠리 밀그램은 한 가지 실험을 했다. 밀그램은 '처벌과 학습효과'라는 주제를 걸고 미국 시민을 대상으로 실험 참가자를 모집했다. 실험 참가자들의 역할은 실험자(대학교수)의 지시에 따라 피실험자(학생)가 단어 맞추기를 틀릴 때마다 15V의 전기를 올리는 것이었다. 실험 참가자에게는 전기 자극의 강도를 높이면 기억을 잘 해내는지를 알아보려는 실험이라고 말해주었다.

전기 버튼은 15V에서부터 450V까지 올라가게 되어 있는데 전기를 올리면 학생 역을 맡은 피 실험자는 고통스런 연기를 했다. 처음에 실험 참가자들은 학생의 고통스런 모습을 보며 전압 올리기를 그만하겠다고 하였다. 그러나 실험자는 '사람은 이 정도로 죽지 않으며 예일대 교수인 권위자에 의한 실험이고 권위자가 모든 책임을 진다'

며 계속 전압을 올릴 것을 지시했다. 그러자 놀랍게도 참가자들의 3분의 2 이상이 위험선 이상으로 전압을 올렸다.

실험 참가자는 인터뷰에서 과학적 지식을 밝히는데 도움을 주고 있다는 사명감 때문에 전압을 올렸다고 답했다. 이것이 바로 유명한 '권위에 대한 복종' 실험이다. 복종이 악을 탄생시킨 것이다.

사람이 많을수록 개인이 느끼는 책임감이 적어지는 '방관자 효과, 책임감 분산'도 결과적인 악을 잉태한다.

1964년, 미국 뉴욕 퀸스 지역 주택가에서 한 여성이 강도에게 살해됐다. 35분간이나 계속된 살인 현장을 자기 집 창가에서 지켜본 사람은 모두 38명이었다. 그러나 이들 중 그 어느 누구도 이 여성을 도와주거나 경찰에 신고하지 않았다.

누군가는 도움을 줄 것이니 나까지 나서지 않아도 된다고 생각한 것이다. 책임질 사람이 많아지면 사람들은 자신의 책임을 다른 사람에게 전가한다. 사회 심리학자 귀스타브 르 봉Gustave Le Bon은 이런 군중심리에 대해 '군중의 진실은 감정적인 어리석음이지 축적된 상식이나 타고난 지혜가 아니다. 지식인이라도 집단정신에 사로잡히면 지적 재능과 개성 모두 약해진다'고 말했다.

#잠을 잘 수가 없다

현명해 대리는 탁탁해 부장에게 보고서 수정지시를 받고 고민에 빠졌다. A제품의 불량률이 너무 높으니 수치를 조정하라는 것이다. 어차피 단종이 결정된 모델이라 불량률이 아무런 의미가 없으니 '아름답게' 마무리하자는 요지였다. 며칠 밤을 고민하던 현 대리는 결국 수치를 조정했고 탁 부장의 말대로 해당 제품은 얼마 되지 않아 생산 중지되었다.

하지만 그날부터 현 대리는 '불량'이라는 소리만 들어도 가슴이 뛰고 저녁에는 잠을 잘 수가 없다. 탁 부장이 부를 때마다 혹여 비슷한 지시를 내리는 건 아닌가 하는 걱정에 회사에 출근하기도 싫어졌다.

하루는 그런 답답한 마음을 김평범 과장에게 털어놓았다. 한참을 듣던 김평범 과장은 대수롭지 않은 듯 "에이, 너무 고민하지 마. 보고서 수치야 계산을 잘못해도 잘못될 수 있는 건데. 단종 모델이니 그런 걸 거야. 앞으로 더 많은 일들을 겪을 텐데 어떻게 버티려고 그래?"

현 대리는 더욱 잠을 이룰 수가 없다. 더 많은 일이란 도대체 뭘까?

#모두 함께 뒷담화 시작

탁탁해 부장은 단체 문자방을 애용한다. 그래서 부서원 모두 주말에도 휴대폰을 놓을 수가 없다. 수십 개의 비슷한 글이 올라오자 답답해진 현명해 대리가 한마디 남겼다. "부장님. A안은 시간과 방법 면에서 비효율적입니다. 그리고 주말에는 아무래도 업무 집중에 한계가 있으니 내일 정식으로 의견을 나눠보면 좋을 것 같습니다."

그러자 탁탁해 부장은 "현 대리는 왜 그렇게 부정적인가요? 그리고 주말에는 일에 집중할 수 없다니요. 그렇게 쉬고 싶으면 지금 당장 문자방에서 나가세요."라고 한다. 당황한 현 대리가 문자방을 나가자 탁 부장은 "현 대리가 원래 좀 부정적인가요? 상사로서 부하를 파악하고 있어야 하니 현 대리에 대해 말을 좀 해보세요. 먼저, 김 과장. 다음은 김 차장" 하며 답글을 종용한다. 잠시 조용하던 문자방에 마지못한 몇 개의 글이 올라오기 시작하고 곧이어 여러 개의 글이 달린다. 장점이라고 하면 장점일 수 있고 단점이라면 단점일 수 있는 애매모호한 것들이 대부분이다.

마지막으로 탁탁해 부장이 한마디 남긴다. "현 대리가 평소 동료, 유관 부서와도 업무 협조가 원활하지 않았군요. 여러분의 제보 덕분에 제대로 된 판단을 할 수 있었습니다. 아무래도 현 대리는 이 일의 적임자가 아닌 것 같군요."

탁탁해 부장의 강요 때문에 완곡한 표현으로 몇 마디씩 남겼을 뿐인데 어느새 현 대리는 합리적이고 이성적인 사람에서 이기적인 사람으로, 바른 말 잘하는 사람에서 싸움 잘하는 사람으로 돌변해 있다.

커지면 힘이 세진다. 착해지기도, 나빠지기도 하는데 그 영향력은 실로 엄청나다.

일본군 위안부 피해자의 가슴 아픈 역사를 그린 영화 〈귀향〉은 제작에 들어간 지 14년 만에 완성되었다고 한다. 7만여 명의 국민 후원금과 배우, 스탭들의 재능기부가 없었다면 불가능한 일이었을 것이다. 개인의 작은 용기가 모여 집단선善을 탄생시킨 경우이다.

반대로 작은 용서가 반복되면 나쁜 일은 공룡처럼 커진다. 위계질서와 권위를 기반으로 하는 획일화된 조직에서는 '나쁜 일'이 벌어질 확률이 매우 높다. 명령에 복종하고 상호 용인하고 외부에 은폐하고 무슨 일이 있으면 힘 있는 상사나 조직이 책임져 줄 거라고 믿는 것, 바로 무기력에 길들여지기 때문이다.

아무리 나쁜 상사라 해도, 아무리 힘센 권력을 휘두른다 해도 혼자 힘으로 수백 명을 죽일 수는 없다. 추종하고 앞장서 충성심을 보이고 납작 엎드려 복종하는 부하들이 없으면 말이다.

그러나 부하들은 자신도 어쩔 수 없이 명령에 복종할 수밖에 없었던 피해자라고 우긴다. 조직을 책임지고 있는 리더조차도 자신은 부하일 뿐이라고, 어쩔 수 없었다고 변명한다. 그렇다면 우리 사회의 리더는 누가 있겠는가? 조직의 운명을 구원할 진정한 리더가 사라진 이유가 이런 리더들의 말도 안 되는 겸손 때문이 아니겠는가.

권한을 행사할 때는 리더이고 책임을 져야 할 때는 부하로 변신하는 편리함부터 배우면 그 피해는 고스란히 나, 우리에게 되돌아온다. 그렇게 사람들은 죽고, 나쁜 일은 반복된다. 명령에 의한 복종이라 해도 유죄는 유죄다.

심리적 저지선은 지켜라

간신나라의 충신과 충신나라의 간신 중 누가 더 나쁠까? 어느 쪽이 더 나쁜 결과를 낳을까? 두말할 나위 없이 간신나라의 충신이다. 충신들은 옳고 그름을 떠나서 누구보다 '부지런하다'. 욕하고, 덮어씌우고, 손가락질하는 일에 경쟁한다.

그러나 처음부터 나쁜 일에 물들어 있는 집단은 없다. 나쁜 상사들도 처음에는 눈치를 보다 반항적 의사가 없다고 느껴지면 그때부터 본격적인 일들을 벌이기 시작한다. 강한 부정이 쉽지 않다면 하다못해 침묵이나 소극적 반대 의견이라도 행사해야 한다.

단체 문자방에서 평소 현명해 대리에 대해 알고 있는 것을 말해보라는 탁 부장의 의도는 뻔하다. 만약 문자방에 아무런 내용도 올라오지 않았다면 탁 부장은 다시는 이런 일을 벌일 수 없었을 것이다.

다수의 소극적 거부는 무언의 저지선이 된다. 적어도 극단까지 가는 일은 막을 수 있다. 공포심에, 혹은 얄팍한 계산에 간신나라의 충신을 선택하면 불이익을 감수하고서라도 남들이 만들어 놓은 심리적 저지선은 무너진다.

다수를 믿지 마라

다수의 결정이 항상 옳은 것은 아니다. 조직이 집단 지성의 힘을 발휘하려면 개인 모두가 평등한 입장에서 의견을 조율할 수 있어야 하는데, 회사는 철저하게 수직구조다. 권력자의 의견이 다수의 의견으로 포장되는 것뿐이다.

다수를 따르면 편하고 안전하겠지만 대신 정의와 맞바꾸어야 한다. 불가피하게 따를 수밖에 없는 상황이더라도 옳고 그름을 판단하는 가치관까지 마비시켜서는 안 된다. 아무 생각 없이 다수에 따르기 시작하면 판단력은 점점 상실된다. 집단이 스스로 자정自淨되기 위해서는 개개인의 똑똑한 판단력과 건강한 가치관, 작은 용기들이 모여 상승 작용해야 한다. 옳지 않은 일을 알면서 하는 것도, 아무 생각 없이 따르는 것도 유죄는 유죄다.

내 책임이다

아무리 권위에 복종했을 뿐이라 해도 문제가 생기면 그 책임은 온전히 내 것이다. 집단이 책임지는 일은 없다. 공동 악惡은 책임 전가의 속성까지 지니고 있어 누구나 발뺌을 한다. 주범을 찾기 힘들고 까딱 잘못하면 남의 죄까지 뒤집어쓴다.

나쁜 일에 빠져들 때, 어쩔 수 없이 권위에 복종할 때는 과연 내가 책임질 일인지, 책임질 수 있는지부터 생각해라. 결과부터 예상하면 쉽게 복종하지 못한다. 충성심을 보이려다 범죄의 주인공이 된다는 것을 잊지 마라.

법정에서 철학자의 말까지 들먹이며 자신은 자신에게 부여된 의무를 다했을 뿐이라 항변했던 칼 아돌프 아이히만은 결국 처형되었다(물론 그는 권력에 복종할 수밖에 없었던 하급 부하가 아니라 유대인 학살의 주범이었다).

부끄럽게 남지 마라

실력이 부족하거나 비위를 맞추지 못하는 것은 부끄러운 일이 아니다. 하지만 도덕성을 버리는 일은 평생을 두고도 기억에서 털어내기 힘들다. 마음에 빨간 줄로 남을 뿐 아니라 그 누구도 부하, 상사로 가까이하려 하지 않는다.

현 대리는 단종되는 모델의 불량 수치를 바꾸고 잠을 못 잤지만, 창고에 쌓인 재고 수치를 바꾸고도 아무런 죄책감을 느끼지 못하는 날이 올지도 모른다.

도덕성은 힘들 때 나를 지켜내는 최후의 방어벽이다. '다들 그러고 사는데 뭐' 하며 그 소중한 방어벽을 엿 바꿔 먹듯 먹고 사는 일과 거래하지 마라. 나약함을 그럴 듯하게 포장하는 약자의 버릇에 물들지 마라.

몰랐다고 하지 마라

나쁜 일 앞에서 힘 없거나 직급이 낮은 사람들의 공통된 변명은 바로 '몰랐다'는 것이다. 진짜 모를 수 있고 상대가 의도적으로 속이려

했을 수 있지만 대부분은 알고 싶지 않고 알지 않으려 했기 때문이다.

'왜?'는 아이들의 상상력을 발휘하는 데만 기여하는 질문이 아니다. 아랫사람의 버릇없는 말대꾸가 아니라 합리적인 설명을 요구하는 당당한 나의 권리다.

상사는 확인하고 설명을 필요로 하는 부하에게 대놓고 나쁜 일을 시키지는 못한다. 들킬까 두려워한다.

과녁이 된다

내가 던진 돌은 작은 조약돌이었지만 여럿에게 돌팔매질 당한 사람은 죽는다. 팔랑귀처럼 여기저기 붙어 다니며 권력에 복종하다가는 언젠가 그 권력의 과녁이 될지 모른다. 권력에 복종하며 키워온 힘은 순식간에 무너지기 때문이다. 비겁하게 시작하면 비겁하게 끝난다. 정치판에서 역지사지를 생각하는 건 참 쉽지 않은 일이지만 적극적인 가해자들은 조만간 과녁, 공동 악의 희생양이 될 확률이 매우 높다.

함부로 말하지 말고 쉽게 듣지 마라

인간에게 가장 깊은 상처는 모멸감이다. 모멸감은 남에게 직접적인 무시를 받았을 때 느끼는 감정이다. 스스로 빠지는 자괴감과는 차원이 다르다. 여간해서 치유되기도 힘들고 때론 복수심을 불러일으키기도 한다. 곱씹을수록 그 진국이 우러나는 막말은 모멸감을 주는 데 더 없이 좋은 흉기다. 원하는 부분만 편집해서 듣거나 내 기준으로 번역할 경우, 들어도 듣지 못하는 기이한 현상이 생긴다. 불필요한 오해를 만든다.

말하고 듣는 것은 나의 마음을 보여주고 상대의 생각을 얻는 행위다. 그러니 함부로 보여주고 쉽게 얻어서는 곤란하다. 심각한 '갑질'에 익숙해지고 오리발 내밀기에 너그러워진다.

워싱턴 대학의 존 가트만John Gottman 교수는 결혼이 얼마나 유지될지를 예측하는 '결혼 방정식'을 개발했다. 가트만은 수백 쌍의 부부들에게 돈, 소송 같은 결정하기 어려운 문제를 주고 15분 동안 대화하게 했다. 그런 다음 그들이 얼마나 행복한 결혼 생활을 할 것인가를 예측하는 패턴을 구했다. 실험 결과, 부부 관계의 지속성과 질을 결정하는 가장 중요한 요인은 '긍정적인 대화와 부정적인 대화의 비율'이라는 것을 알아냈다. 행복한 결혼 생활을 하는 부부는 긍정 대 부정의 비율이 5대 1로 긍정적인 표현이 더 많았다.

미국 TV 토크쇼 프로그램에서 사회자가 비행조종사가 되고 싶어 하는 어린이에게 물었다. "만약 태평양 한가운데를 지나고 있는데 비행기 연료가 다 떨어지면 어떻게 하죠?" 아이는 잠시 생각하더니 "비행기 안에 있는 사람들에게 안전벨트를 매라고 한 후 저는 낙하산을 타고 밖으로 나올 거예요."라고 대답했다. 순간 관중석은 웃음바다가 되었고, 일부는 나쁜 녀석이라며 혀를 차기도 했다. 아이의 눈에 눈물이 맺힌 것을 본 사회자가 다시 물었다. "왜 그렇게 하는 거죠?" 아이는 진지하게 대답했다. "연료를 구해 오려고요."*

왜 다들 아이의 첫 번째 대답에 웃음부터 터트렸을까? 사람들은 자신의 심리나 경험을 타인에게 적용한다. 예를 들어 거짓말을 자주

---

* 〈심리학의 즐거움, 왕샹둥, 베이직북스〉에서 인용, 재구성

하는 사람은 상대도 그럴 것이라 생각하고 평소 폭력을 행사하는 사람들은 다른 사람들 역시 어느 정도의 폭력성을 가지고 있다고 생각한다.

아이의 첫 대답을 들은 어른들은 자신이 가진 생각의 범주 안에서 '낙하산을 타고 밖으로 나오는 것'은 '비겁하게 도망가는 것'으로 밖에 해석할 수 없었던 것이다.

들리는 대로 쉽게 듣지 말자.

#집에서 그렇게 배웠니?

김평범 대리는 탁탁해 부장을 볼 때 마다 5년 전 일이 떠오른다. 탁탁해 부장은 신입이었던 김평범 대리에게 복사 심부름을 시켰다. 복사기 사용법이 익숙하지 않았던 김평범 대리는 양면 복사의 위아래를 뒤바꾸어 탁탁해 부장에게 가져갔다.

그런데 탁탁해 부장은 대뜸 "너는 집에서 이렇게 배웠니? 머리가 그렇게 안돌아가? 장식용이야? 복사 하나 제대로 못해?"라고 말하는 것이다. 복사 잘못했다고 들을 얘기는 아니어서 김평범 대리는 5년이 지난 지금도 탁탁해 부장이 사용한 단어 하나하나가 마음에 박혀있다.

요즘 탁탁해 부장은 얼마 전 들어온 현명해 사원에게 매일 같이 호통이다. "기본도 안 된 보고서 올려놓고 밥이 넘어가? 점심은 그렇게 제때 잘 챙겨 먹으면서 보고서 하나 제대로 못 쓰냐? 밥 값 좀 해라." 탁탁해 부장은 집안 공격에 이어 인신공격으로 막말의 범위를 넓혔다.

#직원들이 무서워하는 부장

같은 부서에서 다른 파트를 맡고 있는 현명해 부장과 탁탁해 부장은 성격부터 외모, 목소리 톤까지 모두가 다르다. 지난 1년간 현명해 부장이 화를 내는 것을 본 부서원은 많지 않다. 반면, 탁탁해 부장은 아침을 고음의 샤우팅으로 시작한다.

그러나 부서원들이 무서워하는 쪽은 오히려 현명해 부장이다. 현명해 부장의 부서원들은 보고를 하러 갈 때 내용을 다시 한 번 확인하고 예상 질문까지 뽑지만 탁탁해 부장의 부서원들은 탁 부장의 기분 상태가 어떤지, 점심 약속이 있는지부터 살핀다. 탁 부장은 자신의 기분에 따라 어떤 때는 보고서 첫 장을 넘기기도 힘들지만 때에 따라서는 내용도 제대로 보지 않고 "보고서, 잘 썼네. 나, 점심 먹으러 가니깐 알아서 처리해" 하며 사무실을 나서기 때문이다. 내용보다는 타이밍을 잘 잡아야 한다는 것을 누구나 알고 있다.

반면, 현 부장은 보고 첫 머리부터 끝까지 보고하는 사람에 집중한다. 보고 받는 장소도 현 부장의 자리가 아닌 회의실이다. 발표 훈련도 해야 한다며 굳이 단상에 서서 보고를 시킨다. 조용한 회의실에 김평범 사원의 목소리가 울리고 현 부장은 가끔 "그래서? 그런데? 왜?"라고 묻는 것이 전부다. 김평범 사원은 현 부장의 눈빛에 온몸이 타는 것 같다. 보고하는 날은 소화도 안 된다.

제대로 말하고 정확하게 듣는 것에는 노력과 훈련이 필요하다. 본능에 의존할 일이 아니다. 생각이 말에 영향을 준다고 생각하지만 어쩌면 우리는 말하는 대로 생각하고 행동하는지 모른다. 남녀간의 사랑도 무심코 내뱉고 흘려들은 말 때문에 비극으로 막을 내리는 경우가 허다하다. 하물며 직장은 붉은색 상사, 회색빛 동료와 함께하는 정글인데 어떻겠는가. 이곳에서의 '듣고 말하기'는 형체 없는 무기가 된다.

무조건 막말부터 쏟아내는 상사가 도저히 이해되지 않으면서도 어느 순간 그와 닮아가는 내 모습에 놀라는 순간이 온다. 직급이 올라갈수록 상대의 이유에는 관심이 없고 빠른 시간 안에 내 주장만 관철하고자 하기 때문이다.

미국의 저널리스트 도로시 딕스는 '상대를 이해하려면 혀를 내미는 것이 아니라 귀를 내밀어야 한다. 상대방에게 어떤 달콤한 말을 한다 해도, 상대방 입장에서는 자기가 말하고 싶어 하는 얘기의 절반만큼도 흥미롭지 않은 법이다'라고 했다. 외국어를 배울 때 가장 먼저 듣고, 말하고, 마지막으로 쓰기를 배우는 것처럼 잘 들으면 말하기도 한결 쉬워진다.

말재주가 없어서, 의도하지 않았는데도 상처를 주었다는 핑계는 변명이 못된다. 의사소통에서 말은 7%, 말투와 목소리 같은 음성 표현은 38%, 표정이나 눈빛과 같은 몸짓 언어는 55%를 차지한다고 한다. 현학적이고 수려한 입이 아닌 진심을 담은 몸으로 말해야 한다.

듣고 말하기는 훈련이다. 지금부터 부지런 떨어야 현재 부하로서도, 미래 상사로서도 앞뒤 막힌 사람이 되지 않는다.

끝까지 듣는다

말하는 것은 내 생각을 쏟아 내는 것이지만 듣는 것은 상대의 생각과 감정을 흡수하는 일이다. 내용에 집중하고 맥락을 파악하는 노력이 필요하다.

말머리를 자르며 소리를 지르는 상사보다 끝까지 열심히 듣는 상사가 더 무서운 법이다. 보고를 하면서도 내용이 잘못된 건 아닌지 온 신경이 집중된다. 바쁜 시간을 쪼개 열심히 들어준 상사에게 이유 모를 감사함까지 밀려온다.

상사의 말이 건질 것 하나 없는 맹물이라 해도 말머리부터 코 박고 있어서는 안 된다. 상사도 부하가 충분히 들은 다음에 하는 말에 귀를 기울인다. 그러므로 듣는 일에는 '깊은 심심함'이 필요하다. 그저 듣는 것이다.

단, 들어도 듣지 못하는 '배우자 경청Spouse Listening'을 해서는 안 된다. 배우자 경청은 "알았어" 해놓고는 정작 약속 시간에 나타나지 않거나, 이야기가 절정을 치닫고 있는데 "좀 조용히 해 봐. 신문 좀 보고. 있다가 다시 얘기해" 하며 말을 가로 막는 것을 말한다. 배우자들이 들어도 듣지 못하는 것을 빗댄 용어다.

상대가 이야기할 때는 정면으로 얼굴을 쳐다보고, 몸을 앞으로 15도 정도 내밀어 진지하게 듣는 동작을 취하면 더 좋다. 시선 마주침, 고개 끄덕임, 적당한 추임새와 감탄사는 '나는 이 시간, 온전히 당신에게 집중하고 있다'는 기분 좋은 신호다.

사랑하는 사람의 말을 흘려듣거나 잘라먹는 사람은 없다. 사랑하면 그 사람의 입에서 나오는 모든 것을 놓치고 싶지 않다. 불가능에 가깝더라도 상사의 말을 사랑하듯이 정성껏 들어 보자.

적으면 적어진다

독일 심리학자 헤르만 에빙 하우스는 '사람은 학습 후 10분이 지나면 내용을 잊기 시작하고 1시간이 지나면 50%를, 하루 뒤에는 70%, 한 달 후에는 80% 이상을 잊는다'고 했다.

사람간의 갈등은 마음이 나빠서가 아니라 제대로 기억하지 못하는 뇌의 한계 때문에 생긴다. 그러니 뇌의 성능에 의존할 것이 아니라 손의 부지런함을 믿는 게 낫다. 무조건 적어라. 적는 것의 첫 번째 목적은 시간이 지나도 지시받은 내용을 잊지 않기 위함이지만 두 번째 장점은 상사가 딴소리할 때 증거로 활용할 수 있는 점이다. 상사조차도 기억하지 못하고 오리발을 내밀 때 이를 변론할 수 있는 좋은 증거가 된다. 상사도 문제가 생겼을 때는 회피하고 싶은 마음에 짐짓 기억하지 못하는 척하기도 한다. 그러므로 상사가 지시한 내용뿐 아니라 보고 후 피드백했던 모든 내용을 기록해두는 것이 좋다.

마지막으로 문자화되어 있는 종이를 가만히 바라보고 있으면 많은 문제들 속에서 느닷없이 해결점이 튀어 나오기도 한다. 시각화, 구조화될수록 연결고리가 보이기 때문이다.

적으면 갈등도, 실수할 일도 적어진다.

맥락을 읽어라

중학교에 입학한 아들의 같은 반 덩치 큰 녀석이 친구들에게 숙제를 보여 달라기 시작했다는 정보를 입수했다. 사춘기 열기로 가득한 아들에게 조심스레 물었다. 아들은 기가 막힌다는 표정으로 "아, 걔 그런 애 아니야. 엄마들은 하여간. 걔는 친구를 사귀고 싶은 거야. 지가 애들보다 좀 크니깐 숙제 좀 보여 달라면서 말을 거는 거라구. 숙제가 진짜 목적이었으면 덩치 조그만 애들한테 가지 왜 나 같은 애한테 오겠어. 난 딱 보면 알겠더만." 하는 거였다. 그리고 서로 '이 놈, 저 놈' 하면서 친구가 되었다고 했다.

현상에는 사실과 맥락이 있다. 덩치 큰 녀석의 사실은 숙제를 보여 달라는 것이었지만 가만히 들여다보면 친구와 친해지기 위한 순수한 의도가 있었다. 파일럿이 되고 싶은 아이의 의도는 승객을 버리고 도망가는 것이 아니라 사람들을 구할 연료를 구해오는 것이었다. 사실 속에 숨은 맥락을 이해하기 위해서는 의도에 대한 관찰이 필요하다. 자기 멋대로 편집하면 의도와 맥락은 사라진다.

침묵하지 마라

한두 번 늦었는데 인격 모독까지 서슴지 않는 상사를 보면 어떤 생각이 드는가? 잘못에 대한 반성은 물 건너가고 감정의 골만 깊어진다. 직장은 공적인 자리다. 감정 섞인 욕설, 막말, 과도한 칭찬, 상사인지 부하인지 가족인지 알 수 없는 용어 사용, 모두 옳지 않다. 철저하게 제3자의 입장에서 공적인 감정, 공적인 사실, 공적인 언어를 사용하는 것이 좋다. 존대하는 부부들의 싸움 시간이 그렇지 않은 부부보다 짧은 이유와 같다. 부하라고 한두 번 참고 넘어가면 한 번이 두 번 되고 두 번이 세 번 되고 일상이 된다.

가해는 길들여졌을 때, 암묵적으로 동의했을 때 강해진다. 왜 내 멀쩡한 외모, 성격, 지능, 가정교육까지 들먹이도록 두어야 하는가? '개는 바보 같으니깐 좀 더 화풀이해도 되겠어'라는 인상을 주는 것보다 '이 놈 봐라, 맹랑한 녀석이네'라는 말을 듣는 게 낫다.

"부장님, 저는 집에서 잘 배웠는데요. 부족한 저만 나무라시고, 저희 부모님은 나무라지 마시죠. 그런 분들 아니십니다." 오랜 동료가 신입사원 시절 가정교육 들먹이는 부서장에게 했던 말이다.

과거까지 들추지 마라

과거의 일까지 들추는 것은 매우 불리한 선택이다. 주장을 증명하기 위한 것이라고 해도 제대로 먹히지 않는다. 청소 문제로 싸움 난 부부들이 결국은 혼수 문제로 파경을 맞는다. 아무리 감정의 골이 깊다 하더라도 한 가지 일에 대해서는 한 가지로 말해야 한다.

한두 번 회의 시간에 늦고 한두 번 보고서 납기일을 맞추지 못했을 뿐인데, 워크숍에 지각한 이야기, 평소 공과금을 연체하는 개인의 습관까지 싸잡아 야단하는 상사를 보면 어떤 생각이 드는가? 잘못된 사실에 대한 점잖은 지적이 아닌 감정의 폭발로 밖에 보이질 않는다.

상사에게도 마찬가지다. “저번에도 안 된다고 그러시더니… 보세요. 되잖아요.” 과거의 불확실한 잘못까지 들춰내 지금의 정당성을 증명하는 건 상사에게 불쾌감을 줄 뿐이다. 한 가지는 한 가지로 말해야 한다.

반응하라

누구나 주목받고 싶다. 아니, 인정받고 싶다. 요즘은 짧은 단어만으로도 이런 감정을 충분히 표현할 수 있다. “대박”, “당근”, “강추!” 하며 엄지손가락 하나 척 올려주면 모든 표현이 완성된다. 상대가 어렵게 꺼낸 얘기에는 반드시 반응해주는 것이 좋다. 들었다는 것, 집중했다는 것, 동의한다는 것을 강하게 보여줘야 한다.

〈무기여 잘 있거라〉로 유명한 영화배우 게리 쿠퍼는 미국의 연인으로 불리며 끊임없이 여러 여배우들과의 염문을 뿌렸다. 그의 인기 비밀은 무엇보다 잘생긴 외모 때문이었겠지만 '마법의 세 마디'를 던지면 대부분의 상대가 마음을 열었다고 한다. 모든 여자의 얼굴에서 시선을 떼지 않고 집중해서 듣다가 적절한 시점에서 "설마!(Indeed!)", "정말?(Really?)", "그건 처음 듣는 얘기인데(That's news to me)"를 외쳤을 뿐이라고.*

상대의 마음을 얻는 데는 이성이나 상사나 다를 바 없다. 리액션은 최고의 유혹이다.

구체적으로 말해라

최대한 구체적, 논리적으로 말해야 오해의 불씨를 키우지 않는다. '이렇게 많은 정보면 되겠지' 하고 생각하는 것은 그야말로 착각이다. 상사는 바쁘다. 요점부터 시작해야 한다. 말이 길어지면 불필요한 감정이 섞인다. "부장님, 그런데 말이죠. 저는 그러지 않으려고 그랬는데요, 하다가 보니까요…" 도대체 무슨 말을 하려는지 알 수 없는 보고나 고충 토로는 시작도 하지 마라. 말도 글도 마찬가지다. 한 문장에 하나의 사실만 담아서 주어와 동사를 분명히 구성하는 게 좋다.

---

* 〈나의 인생은 영화관에서 시작되었다, 시오노 나나미, 한길사〉에서 인용, 재구성

특히 말할 때는 형용사, 부사, 감탄사 다 빼고 명사와 동사만 쓰는 것이 가장 좋다.

• 효과적으로 말하는 방법

PREP는 컨설팅 회사 맥킨지에서 제시한 스피치 기법이다. 윈스턴 처칠 영국 총리가 즐겨 사용해 '처칠식 말하기 기법'이라고도 불린다. 말하고자 하는 핵심 내용을 말하고 이유나 근거를 대고 사례를 들어 설명한 뒤 다시 핵심 내용을 강조하는 방식이다.

PREP, Point – Reason – Example – Point

Point 말하고자 하는 핵심 내용을 간단히 말한다.

부장님, 이번 회식은 '일식'으로 정했습니다. (주장)

Reason 핵심 내용에 대한 이유나 근거를 제시한다.

굴이 제철이라고 하고, 굴에는 아연, 아르기닌, 글리코겐이 풍부해서 겨울에 먹어두면 건강에 그렇게 좋다고 합니다. (이유)

Example 이유나 근거를 뒷받침할 여러 가지 사례를 경험, 비유, 통계 등을 활용한다.

구매팀이 얼마 전 회식을 '바다냄새'에서 했는데 다들 얼마나 몸이 좋아졌는지 업무들도 엄청 열심히 한다고 합니다. 글쎄 탁탁해 대리가 야근을 다 한다고 하네요. (사례)

Point 핵심 내용을 요약하고 재강조한다.

그러니깐 이번 회식은 일식으로 하는 게 어떨까요? (주장 강조)

• PREP로 말하면 절대 안 되는 이야기 : 어느 남자와 결혼하겠습니까?

PREP로 말하는 것이 핵심 내용을 전달하는 데 효과적이긴 하지만 가족, 연인, 부부, 부모와 PREP식으로 말하면 백전백패다. 이성보다는 감성이 먹히고, 논리보다는 직관이 더 먹힐 때도 있다. 아래 중 어떤 남자와 결혼하겠는가?

	남자 A	남자 B
Point	사랑합니다. 결혼해주세요.	사랑합니다. 결혼해주세요.
Reason	당신은 좋은 집안에서 태어났고 직업도 마음에 들고 무엇보다 후세에게 물려줄 아름다운 외모를 가졌습니다.	정말 사랑합니다. 결혼해주세요.
Example	제가 아는 친구도 당신 같은 분과 결혼했는데, 정말 행복하게 살고 있습니다.	진심으로 사랑합니다. 결혼해주세요.
Point	꼭 결혼해주세요.	정말 진심으로 사랑합니다. 결혼해주세요.

04

關 ● - - - - - - - - - - - - - - ● 係

남편과 내편

어느 편에 설 생각인가

"정말, 형편 없는 세상이야." 작은 아이부터 두둔하고 나서는 부모에 대한 섭섭함을 큰아이는 이렇게 표현한다. 남과 갈등이 생기면 법정에 선 것처럼 옳고 그름의 잣대부터 들이대는 남편에게 아내들은 이렇게 말한다. "됐고, 그래서 당신은 누구 편인데?"

'편'은 심정적 안정감과 유대감을 준다. 그런데 어떤 상황에도 당연히 내편이어야 할 사람이 제3자의 입장에 서는 순간, 싸움은 그 자체로 더 커진다.(남편이 '남의 편이냐, 내편이냐'는 결론 맺기 매우 어려운 연구 주제중 하나다)

30~40년 전만 해도 동네 어귀에서는 '뒤집어라 엎어라', '데덴찌' 소리가 끊이질 않았다. 고무줄 놀이, 다방구, 말뚝박기, 사방치기 등

모든 놀이는 편 가르기부터 시작되었다. 손바닥을 뒤집느냐, 엎느냐의 두 개의 변수만으로, 게다가 우연에 의해 나눠진 편임에도 금세 단단한 결속력이 생겨 승리를 위해 분주했던 기억이 있다.

심리학자 무자퍼 셰리프Muzafer Sherif의 '로버스 동굴 공원 실험'은 동네 어귀에서 편먹고 놀던 어린 시절을 떠올리게 한다. 미국의 오클라호마에는 로버스 동굴Robber's cave이라는 유명한 주립공원이 있는데 셰리프는 12살 소년 24명을 선발하고 두 그룹으로 나눠 이곳에서 캠프 생활을 하게 했다.

두 그룹을 나눈 특별한 기준은 없었다. 그렇지만 곧 두 그룹은 이유 모를 경쟁심에 사로잡혔다. 한 그룹이 다른 그룹의 깃발을 가져오자 다른 그룹은 상대 그룹 대장의 바지를 훔쳐 깃발로 사용했다. 침대가 뒤집히고 우승 트로피가 사라지는 일들이 생겼다. 친구였던 아이들도 서로를 미워하기 시작했다. 일부러 분열을 조장하지 않아도 두 그룹은 통제 불능의 갈등을 보였다. 실험자들이 교육, 설득, 대화 등을 시도하였으나 아무런 효과가 없었다.

고민하던 실험자들은 공동의 적을 만들었다. 두 그룹 모두의 숙소에 물 공급을 끊어버리고 트럭을 진흙탕에 빠지게 한 뒤 두 그룹이 함께 끌어내도록 했다. 모두가 힘을 합쳐야만 해결할 수 있는 난관을

---

* 〈사람을 움직이는 100가지 심리법칙, 정성훈, 케이앤제이〉에서 인용, 재구성

만들었다. 그러자 두 그룹은 서서히 힘을 합치며 문제를 해결해냈고 다시 친구가 되어 집으로 돌아갔다.*

정치, 사회, 문화, 예술 등 '편' 문화는 이미 우리 사회에서 한 틀을 형성하고 있다. 조선시대 붕당정치를 그 이유로 드는 사람도 있고 누구는 지역색이 그것을 더 강화시켰다고도 한다. 그런데 그 '편'이란 정말로 이념, 가치관과 같은 객관적 준거나 학연, 지연, 혈연 등의 뿌리 깊은 연줄의식 때문에 생기는 것일까?

셰리프의 실험은(물론 어린 아이지만) 사람은 거창한 가치관이나 이념이 아니라 단순히 편을 나누는 것만으로도 다른 집단에 대한 적대감을 만들고 자기 집단의 정체성과 결속력을 강화시킨다는 것을 보여주었다.

그렇다면 내가 속하지 않은 상대편은 모두 적인가?

#저는 회사편인데요

탁탁해 부장과 김 상무가 결국 날선 대립을 시작했다. 평소 탁탁해 부장은 동갑내기인 김 상무를 상사로 예우하지 않았고 김 상무 역시 그런 탁탁해 부장을 못마땅해했다. 회의실에서 두 사람의 고성이 오가고 몇 달째 냉기가 흐른다. 부서 분위기도 분위기지만 김평범 대리는 급한 업무 보고를 어떻게 해야 할지 난감하다.

A프로젝트 건에 대해 김 상무는 최선을 다해 진행하라는 입장이고 탁탁해 부장은 절대 해서는 안 되는 일이라고 주장한다. 그렇다고 김 상무에게 바로 보고할 수도 없

어 탁탁해 부장에게 보고서를 들고 가면 외면을 하거나 시간이 없으니 다음에 듣자는 말만 반복한다. 김 상무의 독촉에 다시 탁탁해 부장에게 보고서를 들고 가자, 탁탁해 부장은 "넌 눈치가 그렇게 없어? 누구 편이야? 누구랑 더 오래 직장 생활할 것 같아?"면서 눈을 치뜬다.

김평범 대리는 목구멍까지 차오르는 말을 끝내 내뱉지 못하고 돌아선다. "부장님. 누구편이긴요. 저는 회사 편인데요."

#난, 네 편이다

현명해 부장은 색깔 구분이 안 되는 사람이다. A라인인가 싶기도 하고 또 B라인 같다가도 C라인과도 잘 어울린다. 회식 중간 탁탁해 대리는 "부장님, 부장님은 도대체 누구 편이세요? 박 상무님 편이세요? 아님 최 상무님 편이세요? 저희들도 알아야 줄을 서죠"라고 묻는다.

현명해 부장은 머리에 꿀밤을 날리며 "야. 젊은 녀석이. 벌써부터 편 먹을려고 하고 줄서려고 하네. 난 네 편이다. 됐냐, 이놈아" 한다. 이어 "편이 어디 있어? 손바닥만 한 회사에서. 편 가르기에 발 들이면 바로 황천길 간다. 어느 편이 될까 고민하지 말고 그냥 현명하게 '남의 편'이 되면 돼." 탁탁해 대리는 '현명하게 남의 편'이 되라는 애매한 말이 도저히 이해되지 않았지만 속으로 확실한 결론 하나를 내렸다. '아, 우리 부장님은 진짜 회색분자구나.'

예로부터 집권자들은 내부의 갈등을 해소하고 결속을 다지기 위해 일부러 적과의 싸움을 이용했다. 셰리프의 실험에서도 알 수 있는 것처럼 외부의 적이 나타나면 내부 경쟁을 멈추고 서로가 협력하며 해결점을 찾기 때문이다.

반면, 단시간 내 조직의 목표를 달성하기 위해 일부러 편을 나누도록 부추기고 내부 경쟁을 유도하는 전략을 쓰기도 했다. 기업들도 생산성 향상이나 시장성 검증이 쉽지 않은 신제품 개발을 위해 이런 방법을 활용했다. PDPPlasma Display Panel와 LCDLiquid Crystal Display 디스플레이 방식 중 어느 것이 보편화될지 검증되지 않았을 때 국내 전자회사들은 이 두 사업을 사내 경쟁구조로 만들어 기술개발을 촉진했다. 실제로 두 제품의 개발 속도에 불이 붙었다.

성장이 무엇보다 중요한 시대에는 편을 나누고 경쟁심을 유도해 성과를 촉진하는 것이 최선의 경영이었다. 그러나 하루가 멀다 하고 새로운 기술을 제품으로 만들어 시장에 내놓아야 하는 요즘은 얘기가 다르다. 과학적 발명은 뛰어난 한 사람에 의해서 가능하지만 세상의 룰을 바꾸는 혁신제품은 절대 천재 한 명의 작품일 수 없다. 조직의 조화와 협력이 뒷받침되어야 한다. 훌륭한 그림이나 음악은 개인의 뛰어난 재능으로 가능하지만 종합예술이라고 하는 영화는 전 부문과의 협업이 최종 품질을 좌우하는 것과 같은 이치다.

기업들도 이제는 모두가 협업해서 시너지를 낼 때라고 강조한다. 그러나 경쟁과 자리싸움에 익숙해져 있고 그 결과를 눈으로 지켜 본 리더들은 자신의 세력 불리기에만 점점 더 골몰할 뿐이다. 내편이냐 아니냐를 끊임없이 심문한다. 내편이면 먹이를 주고 그렇지 않으면 가볍게 내친다. 편 가르기는 힘의 세기에 따라 이리저리 옮겨 다니는 이합집산의 성격이 커서 '친구의 적은 적', '적의 적은 친구'라는 여러 전략이 생기고 때론 결말이 뒤집히는 음모를 낳기도 한다.

이런 리더 밑의 부하들은 점점 더 불필요한 일을 감수해야 하고 눈치 보기에 능해져야 하고 쓸데없는 대립에 마음 고생해야 한다. 그리고 좀 더 힘세고 질긴 줄을 잡기 위해 약삭빨라진다.

회사의 룰을 따르라

편 가르기는 성과 경쟁이라는 타이틀을 걸고 있지만 사실은 윗사람들의 자리싸움이다. 이런 싸움에서 상사가 부하에게 원하는 건 명확한 색깔을 드러내고 총잡이나 총알받이가 되는 것이다. 어느 줄에 설지 선택을 강요하고 다른 편의 깃발을 빼앗거나 침대를 뒤집거나 우승 트로피를 빼앗아 오도록 무언의 요구를 한다.

절대, 색깔을 입지 마라. 화려한 색깔은 확연히 각인되고 그래서 누군가 벗겨내고 싶어 한다. 있지도 않은 대의명분에 휘말려서는 안 된다.

김 상무와 탁 부장의 세勢 싸움에 낀 김평범 대리는 어떻게 해야 하는가? 고집스럽게, 그저 회사의 보고체계를 따르면 된다. 눈치로, 혹은 일이 빨리 추진되어야 할 것 같은 성급한 마음에 탁 부장을 건너뛰면 마음과는 상관없이 자동으로 김 상무의 편이 된다. 탁 부장은 김평범 대리에게 모든 비난의 화살을 돌리며 화풀이를 시도할 것이다. 회사의 룰을 깼기 때문이다.

탁 부장에서 보고서가 머물러 있다고 해서 김 상무가 김평범 대리를 나무랄 수는 없다. 회사의 룰을 따랐기 때문이다. 탁 부장 역시 자신의 책상 위에 놓인 보고서를 보며 갈등할 것이다. 김 상무와의 대립을 유지할 것인지, 화해를 시도할 것인지를.

緣에 연연하지 마라

우리 부서, 우리 팀, 우리 부장님의 편이 되는 건 어쩔 수 없는 일이다. 소속감이 높다는 칭찬까지 들을 수 있다. 그런데, 현재 부서가 아닌, 학연, 지연, 혈연 등에 따라 '연緣'을 만들고 그 편에 서면 자동으로 '첩자'의 이미지를 입는다.

아무리 자랑할 만한 좋은 배경을 가졌어도 대놓고 어느 학교 출신이며 어느 집안 출신, 어느 지역 출신임을 떠벌리고 다니는 건 좋지 않다. 나의 진짜를 보이기도 전에 남들이 갈라놓은 편에 들어가야 할지 모른다.

밤에 만드는 '연'도 좋지 않다. 낮에 만들어진 연이 불안해서 힘센 사람들이 모인 밤의 연에 줄을 대면 진짜 첩자가 된다.

남편은 내편이다

올바르게 이기는 사람은 적을 아군처럼 대하는 기술을 부린다. 대의大義를 생각하기도 쉽지 않고 실천하기는 더 어렵겠지만 부장님이 옆 부서와 대립의 날을 세운다고 기름까지 붓지 마라. 쓸데없는 정보로 양쪽 부장님의 싸움을 부추길 것이 아니라 상생할 수 있는 방안을 모색하고 두 부장님을 어쩔 수 없이, 끌려 나와 선보는 노총각과 노처녀의 모습으로 만들어줘야 한다. 단합대회, 회식, 회의 등 마음만 있으면 여러 건수로 대립의 각을 세우는 리더들을 부드럽게 만들 수 있다.

남편을 내편으로 만드는 전술은 아랫사람들만 부릴 수 있다. 머리 큰 부장님들은 절대 못하는 일이다. 남편이 내편 되면 눈치 볼 일도 마음 고생할 일도 없어진다. 내 맘, 내 몸 편해지는 일이다.

회색분자라고 손가락질을 받는 현명해 부장은 그저 생각 없고 자리에 욕심 없는 사람이 아니다. 일찍 색깔을 입고 편싸움에 휘말리면 사다리를 오르기도 전에 돌팔매질 당한다는 것을 이미 경험했다.

높은 목표를 봐라

셰리프는 치열한 경쟁을 벌이는 두 집단의 갈등을 해결하기 위해

상위 목표를 제시했다. 싸움은 밖과 하는 것이지 안에서 하는 것이 아니다. 회사가 내부 경쟁을 부추기는 건 정체되어 있다고 느낄 때이고 리더들이 옆 부서의 리더들과 불협화음을 일으키는 건 시장에서 이길 결정적 한 방이 없기 때문이다.

옆 부서를 이기면 심정적으로는 승리를 맛보겠지만 결과적으로 좋은 회사를 만드는 데 기여하기는 힘들다. 옆 부서가, 다른 동료들이 뭐하는지가 아니라 경쟁사가 무슨 전략을 세우는지 어떤 한 방을 준비하고 있는지 탐색해야 한다. 내부의 편먹기에 개입하면 생각은 점점 줄어들고 불필요한 피까지 흘리게 된다.

불통의 씨앗이 된다

1999년 미국의 나사NASA가 화성 기상 탐사 우주선을 쏘아 올렸다. 과학자들은 우주선이 안정된 궤도에 진입했음을 알리는 신호를 기다렸지만 아무런 신호도 들을 수 없었다. 과학자들이 몇 번의 실험과 분석을 거친 후에 우주선이 당초 계획했던 150킬로미터에 접근하지 못하고 60킬로미터에도 못 미치는 고도로 접근, 완전히 타 버렸다는 사실을 알아냈다. 원인을 분석해보니 운항 소프트웨어를 짠 엔지니어들이 두 개의 그룹으로 나뉘어 작업을 했는데 어처구니없게도 한 그룹은 소프트웨어 계획 단위로 킬로미터와 킬로그램을, 다른 그룹은 마일과 파운드를 사용했다는 사실이 밝혀졌다.*

어떤 이유에서든 편이 나뉘면 불통의 씨앗이 된다. 아주 작은 실수로 대형 프로젝트를 무용지물로 만들 수 있다. 똑똑한 사람들이 모인 집단일수록 편이 갈리면 자신의 편에 충실하려고 노력하고, 성과 이외의 것에는 아무 것에도 관심이 없어지기 때문이다.

편에서 편먹지 마라

편먹기는 왕따를 낳고 일진을 만든다. 화합의 목적으로 건전하게 시작했다 해도 목소리 큰 사람은 자연스레 일진이 되고 소심하고 조용한 사람은 왕따 당할까봐 마음 졸인다. 편이 잘게 나눠질수록 그렇다.

직장은 동호회가 아니다. 점심을 먹고 커피를 마시고 수다를 떨고 뒷담화를 나누기에는 같은 여자끼리, 같은 동문끼리, 마음 맞는 선후배끼리가 편하겠지만 그것이 전부다.

'우리 편'은 비밀스런 정보를 나누거나 공감대를 형성하거나 으쌰으쌰하며 대의명분에 가슴 뛰는 경험을 주기도 하는데, 작은 편먹기는 편먹기의 긍정적인 효과조차 없다. 밥 먹는 자리에 초대받지 못했다는 단순한 이유로 눈치 보며 며칠 밤을 새우는 우스운 일을 겪어야 한다. 작은 편을 만들어 대장질하려는 사람들의 입단 유혹에 넘어가지 마라.

---

* 〈똑똑한 사람들의 멍청한 회사, 멍청한 사람들의 똑똑한 회사, 칼 알브레히트, 한스컨텐츠〉에서 인용, 재구성

시안 뒤집는 상사의 진심을 파악하라

변덕쟁이, 세상에 참 많다. 이런 사람들은 무엇이든 쉽게 결정하지 못하고, 결정한 뒤에도 그 결정을 믿지 못한다. 감정도 총천연색이다. 지킬이었다가도 5분이 지나면 하이드가 된다. 밑그림에 여러 색깔을 숨기고 있는 스크래치화처럼 자극 받으면 받을수록 환상의 색들이 요란스럽게 등장한다.

"끝나기 전에는 아직 끝난 게 아니다"라는 뉴욕 양키스, 요기 베라의 말은 인생은 언제든 역전의 가능성이 존재한다는 긍정의 메시지를 주기 위함이지만 실제로 '끝나야 끝나는' 상사들, 회사에 엄청 많다.

보스톤 컨설팅 그룹BCG에 따르면 15년 동안 미국과 유럽 100여 개

기업을 조사한 결과 회사의 업무절차 수, 보고 단계, 접촉 부서, 조율 부서, 필요 결재 수 등이 50%에서 350%로 증가했다고 한다.* 기술은 빛의 속도로 발전하고 소비자의 니즈 또한 롤러코스터처럼 급변하는데 기업 내부의 복잡성은 왜 계속 증가하는 것일까? 그 바탕에는 심리적 요인이 있다.

요인의 첫 번째는 '권위 자랑'이다. 상사들은 다 된 밥에 재를 뿌리거나 아예 메뉴를 바꿔 버리기까지 한다. 대부분은 미래 위험에 대비하기 위한 신중한 개입이고 고육지책의 결과지만 간혹은 결정적인 순간 입김을 불어넣기 위한 의도를 가지기도 한다. 자신의 말이 얼마나 권위가 있는지, 자신의 의견이 얼마나 먹히는지, 다 된 일을 뒤집어 놓고 간혹은 자신을 따르는 부하와 그렇지 않은 부하를 선별하는 덫으로 활용하는 나쁜 상사들도 있다.

둘째, 대안이 많을수록 사람은 자신의 결정을 확신하지 못하기 때문이다. 선택되지 못했지만 버리기 아까운 대안들을 보며 "과연 이걸 버려도 될까?" 하는 불안이 생기고 선택된 대안에 대해서도 "다른 대안을 버릴 정도로 잘한 선택일까?"라는 의구심을 갖게 된다. '선택의 역설The paradox choice'이다. 직급이 높을수록, 중요한 결정일수록, 대안이 많을수록 사람들은 오히려 더 우유부단해진다. 그렇기 때문에 좀

---

* 〈동아비즈니스리뷰, 2012년 4월호〉에서 인용, 재구성

더 복잡한 과정과 새로운 기법을 동원해 검증하고 위험을 분산시키려 한다.

셋째, 꼬리를 밟히기 싫어서다. “이건 좀 위험한데. 둘의 장점을 합쳐 보는 건 어떨까?” 상사는 결국 최악의 안이 선택될 것을 알면서도 이렇게 짬뽕의 요리과정을 거쳐 평균의 평균, 지극히 평범한 것을 선택한다. 일이 실패했을 때 떠안아야 하는 부담감 때문에 그 어떤 것도 포기하지 않는 방어적 태도를 취하는 것이다.

#정체불명의 마케팅안

탁탁해 부장의 별명은 섞어찌개다. 회의 때마다 “A안은 비용이 너무 많이 들고 B안은 시간이 너무 오래 걸리고 C안은 뭔가 컨셉이 어울리지 않는 것 같고… 힘들겠지만 AB의 장점들을 섞어 하나만 더 만들어 보자고” 하며 마무리한다.

새로운 마케팅안이 준비되면 차라리 예전 것이 더 낫다고 한다든가 다른 X, Y를 요구한다. 그러기를 몇 번이지만 며칠 째 김 상무에게 보고하지 못하고 책상 위에 묵혀두는 걸 봐서는 최종안에 대해서도 탐탁지 않은 눈치다.

담당자 현명해 대리는 탁탁해 부장의 요구대로 만들어진 정체불명의 마케팅 기획안이 성공하기 힘들다고 생각한다. 그 어느 것 하나 버리지 못하고 모든 아이디어를 버무려 놓다보니 결정적인 한 방이 없기 때문이다. 고객이 원하는 유기농 밥상이 아니라 그저 회사가 자랑하고 싶은 것들만 나열해놓은 정체불명의 섞어찌개가 되었다.

#전부 부장님의 아이디어인걸요

현명해 대리는 손 빠르고 말이 예쁘기로 유명하다. 상사가 지시한 것을 하루 이틀 만에 해결해내고 결정적인 순간 새로운 아이디어를 제시한다.

우연히 현 대리의 컴퓨터 파일을 검색하게 된 김평범 사원은 깜짝 놀랐다. 경쟁사나 유사 업종의 자료, 협력업체가 제안한 PT파일이 엄청난 양으로 저장되어 있었다. 게다가 5년간의 신문 스크랩이 주제별로 가지런히 정리되어 있었다. 불과 엊그제 회의에서 탁 부장이 지시한 사안의 해답이 담긴 파일들이 줄줄이 발견된다.

현 대리는 지금 탁 부장에게 업무 보고 중이다.

"역시, 부장님의 생각은 뭔가 다르신 것 같아요. 지시한대로 바꾸니 전혀 다른 새로운 것이 되었습니다. 제가 경쟁사에 근무하는 친구한테 살짝 물어봤는데 걔네들도 이런 건 없더라구요. 그러니 3안까지 생각하지 마시고 1, 2안만 보고하셔도 충분하지 않을까 합니다."

수고했다는 탁 부장에게 현 대리는 "아이고 전 문서 만든 것밖에 없습니다. 전부 부장님 아이디어인데요. 참, 그리고 이건 김 상무님께 보고하실 때 보여드릴 경쟁사 자료입니다. 함께 보고 드리면 좋을 것 같아 뽑아놓았습니다."

옆에서 훔쳐 듣던 김평범 사원은 감탄을 금치 못한다. 평소 뒤집기를 몇 번이나 하던 탁 부장의 입이 싱글벙글, 완전히 지킬박사로 돌아와 있다.

상사의 의사결정은 일의 출발점이다. 그러나 그 결정이 수시로 변할 경우 부하들은 나비효과의 후폭풍에 휘말린다. 제일 아래쪽에 있는 '아랫 것들'은 영문도 모른 채 산사태를 견뎌야 한다. 상사가 힘 있는 참견꾼들에 흔들릴 경우 상황은 더욱 복잡한 국면을 맞는다. 골인지점을 향해 열심히 달려왔는데 "여기가 아닌가봐" 하며 반대편을 가리키는 상사는 솔직한 독재자보다 더 어렵다.

상사가 변덕을 부리는 건 단지 상사의 성격 때문만은 아니다. 상사는 부하보다 더 많은 것을 고려해야 하는 입장이고 실패에 대한 두려움과 책임감 때문에 제시된 대안들을 여러 관점에서 의심하고 뒤집어 봐야 하기 때문이다. 그러나 결정을 뒤집는데 크게 견제를 받지 않으니 신중함을 다했던 부하 때와 달리 자기 정화 기능이 약화된 것도 사실이다.

매일 지킬 박사와 하이드 씨와 싸워야 하는 부하들이여, 상사의 변덕을 흉보고만 있을 것이 아니라 어떻게 하면 상사의 불안과 권위 자랑에 무거운 추를 달 수 있을지 고민해야 한다. 뒤집히는 일에 툴툴대지만 말고 그 이유가 상사의 권위 자랑인지, 불안한 마음 때문인지, 외부의 권력 개입 때문인지를 판단하고 그에 맞는 행동을 준비해야 한다.

잘만 하면 지킬박사와 하이드 씨에 맞춰 즐거운 직장 생활을 할 수도 있는데 까딱하다간 이름만 다른 다중 인격들을 불러낼지도 모른다. 그러면 나는 대사 한마디 하지 못하고 이름 없이 죽는 조연의 조연으로 끝난다.

깊게 감탄하라

상사가 자신의 권위를 인정받고 싶어 한다는 판단이 들면 상사의 행동, 결정에 깊게 감탄하고 박수를 보내는 것이 먼저다. 특히 감정의 높낮이가 큰 상사에게는 화려한 미사여구를 사용하는 것이 좋다. 부하의 감탄은 상사에게 자신감, 든든한 버팀목이 되기 때문이다. 상사는 부하의 믿음을 지키려 노력할 것이다. 이런 상사의 의도도 모르고 미적지근한 반응을 보이면 상사는 부하의 인정을 받기 위해 변덕부터 부리려 한다.

먼저 움직여라

사람은 자신 없고 불안할 때 결정을 번복한다. 이럴 경우 상사의 불안을 잠재울 명확하고 객관적인 데이터, 증거를 앞서서 준비해라. 책임을 공유해야 하는 유관부서, 유사업종의 유사 사례, 업계 전문가의 자문을 받으면 상사는 불안에서 해방된다. 두 번, 세 번씩 잔소리하지 않는다.

'선진사, 경쟁사의 자료, 전문가의 조언'은 어느 업종, 어느 회사를 막론하고 통하는 마법의 자료다. 상사를 설득하는데 더 없이 훌륭한 무기가 된다. 현 대리처럼 앞서서 움직이면 휘둘리지 않는다.

같은 편에 서라

상사의 손바닥 뒤집기가 권력 개입의 결과라면 상사의 입장을 충분히 옹호해주는 것이 좋다. 상사의 어쩔 수 없는 입장을 따르되, 개입된 권력의 불합리함을 함께 분노하고 상사의 어려움까지 위로해주면 확실하게 같은 편이 된다. 상사도 자신의 어려움을 이해해 준 부하에게 맡길 일은 한 번 더 체에 거르게 되어 있다. 기분 내키는 대로 시키고 다음에 생각하는 버릇은 자제하게 될 것이다.

이름표를 붙여라

사람들은 잘되면 내 덕, 안 되면 남의 탓을 한다. 그러므로 상사가 쉽게 번복하지 못하게 하려면 일의 처음부터 상사의 이름표부터 붙이는 것이 먼저다. 누구나 자신의 이름표가 붙어있는 일에는 책임감을 느낀다. 현 대리는 자신의 아이디어를 아까워하지 않고 탁 부장의 공으로 돌렸다. 원안자에 자신의 이름이 아닌 상사의 이름이 들어가 있는 게 억울할지 모르지만 상사는 좋은 아이디어에 자신의 이름표를 붙여준 충성심에 고마워 할 것이고 문제가 생기더라도 쉽게 손바닥 뒤집기를 하지 않는다.

버리게 하라

칭키스칸의 후계자 오고타이가 명 재상이었던 야율초재에게 물었다. "아버지가 이룩한 대제국을 개혁할 수 있는 좋은 방법이 있느냐?" 그러자 야율초재는 이렇게 말했다고 한다. "한 가지 이로운 일을 시작하는 것은 한 가지 해로운 일을 없애는 것만 못하고 한 가지 일을 만들어 내는 것은 한 가지 일을 줄이는 것만 못하다興一利 不若除一害, 生一事 不若減一事"*

무턱대고 여러 아이디어부터 들이밀지 말고 상사가 버릴 것을 선택하게끔 해야 한다. 버려야 할 이유를 충분히 설명하면 결과는 명쾌해진다. 복잡하게 만드는 건 상사가 아니라 부하의 복잡한 아이디어와 설명이기도 하다.

정보력이다

회사 일은 시간 싸움이다. 변덕을 부리는 상사를 잠재우는 데 가장 좋은 것은 빠른 시간 안에 최고의 효율을 올리는 것이다. 아무리 완성도 높아도 시간싸움에서 지면 상사 속에 잠들어 있던 변덕이 불쑥 튀어나온다.

회사일은 창작 활동이 아니다. 현상을 이해하고 개선하는데 그 목

---

* 〈규제의 역설, 김영평, 삼성경제연구소〉에서 인용, 재구성

적이 있으므로 최대한 빠른 시간 안에 현실적인 대안을 찾아야 한다. 최대한 선배, 관련부서, 경쟁사의 자료를 확보하는 것이 중요하다. 사회현상, 지식인들의 논점을 담은 신문기사도 유용하다. 변화의 흐름, 논리적 근거를 담은 기사는 색인표를 만들어 저장해둬라. 상사의 변덕을 잠재울 훌륭한 보물이 된다.

요즘은 그야말로 설문조사, 빅 데이터 풍년 시대다. 말솜씨가 없어 상사의 변덕을 잠재울 수 없다면 빅 데이터의 이야기를 빌려오자. 손쉽게 정당성이 부여된다.

상사는 램프 속 나를 깨울 알라딘이다

세상에는 세 종류의 사람이 있다. 좋은 사람과 나쁜 사람, 대체로 무난한 사람이다. 엄밀하게 말하면 나와 좋은 관계, 나쁜 관계, 그저 그런 관계를 맺고 있는 사람들이다. 상사도 마찬가지다. 악행과 구박을 일삼는 신데렐라의 새엄마 얼굴을 하고 있는 상사도 있지만 부하의 성장을 위해 자신의 노하우와 시간을 아낌없이 투자하는 좋은 상사도 있다. 나머지는 대부분 특별히 나쁠 것도, 특별히 좋을 것도 없이 스쳐 지나가는 상사들이다.

좋은 상사를 만나는 것은, 특히나 첫 상사와 좋은 관계를 유지하는 것은 인생의 큰 축복이다. 나쁜 사람에게도 반면교사反面敎師라는 훌륭한 가르침을 얻을 수 있는데 하물며 부하를 위해 자신의 경험과 지식, 넓은 시각을 내놓는 상사를 만난다는 건 직장 생활 백과사전을 통째로 얻는 것과 같다.

물론 상사라고 해서 모두가 부하보다 뛰어난 능력을 가진 것은 아니다. 그러나 서바이벌 게임의 정답을 눈 감고도 맞히는 '경험'과 '판단력'을 가진 것은 사실이다. 나의 어떤 부분이 조직생활에 먹히는지, 어떤 부분이 독이 될지 한눈에 알아낼 수 있는 성능 좋은 돋보기를 갖고 있다.

그러니 무작정 상사를 적군 취급할 것이 아니라 그들이 가진 지식과 경험, 돋보기를 활용해야 한다. 무작정 반대편에 서겠다고 작정하면 상대도 칼을 끄집어 들지만 옆에 서 있으면 같이 빵을 나눠 줄 것이다. 상사는 욕하고 흉봐야 할 대상이 아니라 내 속에 숨어 있는 지니를 불러낼 알라딘이다.

설리번 선생님이 없었다면 헬렌 켈러도 없었고 평강공주의 뒷받침이 없었다면 온달은 장군이 아닌 바보로 생을 마감했을 것이다. 비록 지금은 부족하지만 나의 숨겨진 가능성을 믿어주고 이끌어 주는 상사가 곁에 있다면 머지않아 램프 속에 갇혀 있는 요술쟁이 지니를 불러낼 수 있을 것이다.

미국의 사회학자 찰스 호턴 쿨리Charles Horton Cooley는 사람이 거울을 통해 자신을 보듯 주변 사람들에게 비치는 자신의 모습을 내재화하면서 자아를 형성해 간다고 주장했다. 이를 '거울상 자아lookingglass self'라 부른다. 미국의 심리학자 아서 비먼Arthur Beaman은 아이들이 이웃집을 찾아다니며 쿠키와 사탕을 받아가는 할로윈 파티의 풍습에서 이를 증명해 보였다. 실험자는 집주인에게 아이들이 방문하면 직접 쿠키를 주지 말고 집 앞에 놓인 쿠키 그릇에서 딱 한 개만 집어 가라고 말하고 집으로 들어가라 지시했다. 집어갈 쿠키의 개수는 전적으로 아이의 결정에 맡겨지는 것이다. 단, 9개 주택에는 거울을 설치해 아이가 자기 모습을 비춰볼 수 있게 하였고 9개의 주택에는 아무런 장치를 두지 않았다. 어떤 결과가 나왔을까? 거울을 설치하지 않은 집에서는 33.7%가 2개 이상을 가져갔고 거울이 설치되어 있는 집에서는 8.7%만이 2개 이상을 집어갔다. 아이들은 집주인이 자신에게 기대하는 바를 거울을 통해 내재화하고 스스로 행동을 규제한 것이다.

#제가요?

총명해 과장은 출산 휴가를 마치고 나왔다. 회사 일에 다시 적응하기 위해 딱히 관심 분야는 아니었지만 경영 서적을 탐독하며 보고서들을 구해 꼼꼼히 읽었다. 이런 총명해 과장을 유심히 보던 현명해 부장은 "이번에 우리 부서에 기획 파트를 만들까 하는데 총 과장이 한 번 해보면 어떨까"라며 조심스런 제안을 한다. "제가요? 전 아직 직급도 낮고 그런 일은 한 번도 해보지 않았는데요" 갑작스런 제안에 총 과장은 잘해낼 자신이 없다. 하지만 계속되는 현 부장의 설득에 기왕이면 제대로 해보자는 생각을 하고 밤을 새가며 첫 번째 보고서를 완성했다.

이후에도 현명해 부장은 총명해 과장에게 좀 더 어려운 일, 좀 더 새로운 일들을 계속 던져주었다. 총명해 과장은 현명해 부장이 원망스럽기도 했지만 어려운 일에 도전하고 완성해가는 기쁨을 느끼기 시작했다. 총명해 과장은 지금 전략 기획팀 팀장으로 있다.

#그거, 완전 좋은데

총명해 대리는 일이 잘 풀리지 않을 때면 옛 상사인 현명해 차장을 찾아간다. 현명해 차장과 함께 이야기를 나누다 보면 없던 아이디어도 샘솟고 안 되는 일도 될 것만 같은 흥분의 상태가 된다. 현 차장이 딱히 뾰족한 해결책을 제시해주는 것은 아니다. 결국 새로운 아이디어는 총명해 대리의 입에서 나온다.

"현 차장님은, 제가 말을 하면 우선 감탄을 해주세요. 말도 안 되는 이야기인데도 '와, 그거 완전 좋은데'라며 칭찬부터 하시는 거예요. 그런 다음 몇 가지를 짧게 질문하세요. 그러면 어느새 저 스스로 정리가 되더라구요. 차장님은 제가 잘 못하고 있을 때조차도 '너는 빛나는 사람이다'고 격려해주십니다. 그래서인지 현 차장님만 만나고 나면 자신감이 생겨요."

미래의 나는 어떤 모습이길 기대하는가? 이 문제와 관련해 전적으로 의존해야 하는 사람은 바로 지금의 상사다. 그들이 고과권이나 인사권을 가지고 있기 때문이 아니다. 미래의 내가 성공한다면 그건 현재 내가 가진 강점들 중 하나가 제대로 발현되었기 때문일 것이다. 그러므로 내 미래는 지금의 나를 보고 있는 지금의 상사가 쥐고 있다.

상사도 부하를 충분히 활용해야 하는 입장에 있다. 리더십이나 애정의 문제가 아니다. 상사도 성과를 내기 위해 부하의 강점을 생산적으로 사용해야 한다. 상사도 절박한 심정으로 부하를 바라본다는 얘기다. 그래서 상사가 생각하는 나의 이용 가치가 결국은 나의 강점이고 미래가 되는 것이다.

또한 경험은 '성공 기준'을 터득하게 한다. 상사는 조직이 원하는 성공 조건, 현실적인 장애, 극복 방법 등 이미 많은 것을 알고 있다. 나의 어떤 부분이 성공 기준에 부합하는지, 상사는 정확하게 뽑아낼 수 있다. 스스로 맨땅에 헤딩하며 하나하나 깨쳐가는 것도 나쁘지 않지만 너무 많은 대가를 치러야 하는 만큼 상사가 가진 경험의 시간을 빌려오는 것이 효율적이다.

직장인 성공 신화의 주인공들이 처음부터 사업에 대한 감각, 리더십, 미래를 보는 안목이 뛰어났던 것은 아니다. 그들도 그저 신출내기였다. 다만 자신도 몰랐던 자신의 강점이 현실화되고 근력이 붙으면서 어느새 그 자리에 서게 되었을 것이다. 우연히 만난 거울을 통해 점점 더 큰 자아를 만들어 갔을 것이고 돋보기를 들고 나의 구석구석에 숨겨진 보석을 찾아내는 좋은 상사를 만났을 것이다.

상사의 반대편에 자리 잡지 말고 상사의 오른쪽에 앉는 요령을 터득해라.

존중의 대가다

부하들이 자신에게 진심을 다하는 상사를 따르듯 상사도 자신을 존중하고 인정해주는 부하에게 마음을 연다. '주고 받기'는 인간관계의 기본이다. 보통의 상사는 부하의 단점을 들춰내 칼을 대려 애쓰지만 부하에게 존중받는다고 느끼는 상사는 부하의 수많은 단점 중에 숨어있는 보물을 찾아낸다. 존중받는 대가, 그에 마땅한 보상을 해야 한다는 심리적 부담감이 작동하기 때문이다.

상사만 리더십을 발휘하란 법이 어디 있는가? 상사의 상황을 체크하고 앞서 말을 걸고 보살피는 부하에게 상사는 기꺼이 거울, 돋보기가 되어준다. 상사의 부족한 네트워크를 열어주는 것 또한 나쁘지 않다. 상사에게 업무를 가르칠 수는 없지만 비어있는 인맥을 넓혀 주는 그물망이 되어줄 수는 있다. 회사에는 눈에 보이는 상사와 부하만 있는 것이 아니다. 보이지 않는 부하의 리더십을 이해하고 실천하는 부하가 앞서간다. 나를 깨우고 싶다면 상사에게 먼저 다가가라.

강점을 보는 상사에게 가라

단점을 개선하기 위해 애쓰면 평균에는 가까워져도 결코 뛰어난 사람이 될 수는 없다. 반대로 강점을 극대화하면 단점은 자연스레 극복된다.

마음 급한 상사, '나는 신입사원 때 너희들 같지 않았다'고 입버릇처럼 말하는 상사들은 부하의 부족함을 메워주려 윽박지르기부터 한다. 많은 사람들이 보는 앞에서 단점을 지적하고 그것을 부하에 대한 애정인 것으로 착각한다. 나쁜 마음에서 시작한 것은 아니지만 부하들은 기가 죽고 주눅이 든다. 큰소리 듣지 않으려고 소극적 방어에만 집중한다.

고2 때 좋아하는 국어 선생님으로부터 "넌 글을 참 잘 쓴다"는 말을 듣고는(실제로 그렇지 않았지만) 국어 공부에 더 집중했다. "넌 수학 머리는 아닌 것 같애. 문과를 가야겠다"는 수학 선생님의 말을 듣고부터는 수학이 싫어졌던 기억도 있다. 실제로는 수학에 더 소질이 있었던 것 같지만(학력고사에서도 수학 성적이 높게 나왔다) 글 쓰는 일에 관심을 놓을 수 없는 건 나를 비추고 있는 선생님의 거울을 깨고 싶지 않은 마음 때문인 것 같다. 그 거울이 장점이 되고 꿈이 되고 직업으로 만들어진 것이다.

만약 단점만을 들추며 "넌 수학 머리가 없는 것 같애"라고 말하는 상사의 애정행각이 크게 달라질 것 같지 않다면 상사를 갈아타는 수밖에 없다. 구덩이를 메꾸려 노력하면 점점 소심해지기만 한다. 칭찬과 격려를 통해 강점을 찾아내고 이를 활용할 줄 아는 상사 밑으로 가야 탑을 쌓을 마음이 생긴다. 성장의 속도가 달라짐을 느낄 것이다.

어려운 일에 감사해라

작정하고 골탕 먹이려는 의도가 아니라면 난이도 높은 업무를 던져주는 상사에게 고마워해야 한다. 상사에게는 많은 부하가 있다. 상사는 굳이 리스크가 큰 부하에게 일을 맡길 필요가 없다. 그럼에도 불구하고 새로운 업무를, 게다가 주요 업무를 던져주는 상사는 거울이 아니라 돋보기가 아니라 현미경을 들이대는 상사다. 위험을 무릅쓰고 나의 장점을 찾아내기 위해 시간을 투자한 경우다. 던져준 숙제를 풀어낸 부하 중 누구에게는 더 무거운 숙제가 갈 것이고 누구는 예전의 일상 업무로 복귀할 것이다.

난이도 높은 일을 끝내고 나면 자신감이 생기고 좀 더 높은 자리를 엿보게 된다. 그러므로 어려운 업무는 상사에게나 자신에게나 일종의 시험대다. 시험대 역시 될 만한, 싹이 보이는 사람에게만 주어진다. 왜 나만 어려운 일을 해야 하냐고 툴툴거릴 게 아니라 만만한 임무를 맡은 동료에게 오히려 미안해야 한다.

상사의 눈으로 찾아라

상사의 눈으로 나를 평가해보자.

먼저 몇 가지 분야별로 나누어(추진력, 목표설정, 의견수렴, 아이디어 등 자신이 알고자 하는 분야 설정) 자신이 생각하는 자신의 강점과 단점을 쓰고 상사가 생각하는 나의 강점과 단점을 받아 그림 〈나의 강점, 단점〉과 같이 각 영역에 표시한다.

	상사가 나를 볼 때		내가 나를 볼 때	
추진력	일을 마무리하지 못함	40	유관부서의 협조를 받아 추진	80
목표 설정	높은 목표 설정	80	높은 목표 설정	80
의견 수렴	여러 의견을 수렴	100	다소 나의 의견을 강요	40
아이디어	아이디어 부족	30	창의력이 떨어짐	30
…	…	…	…	…

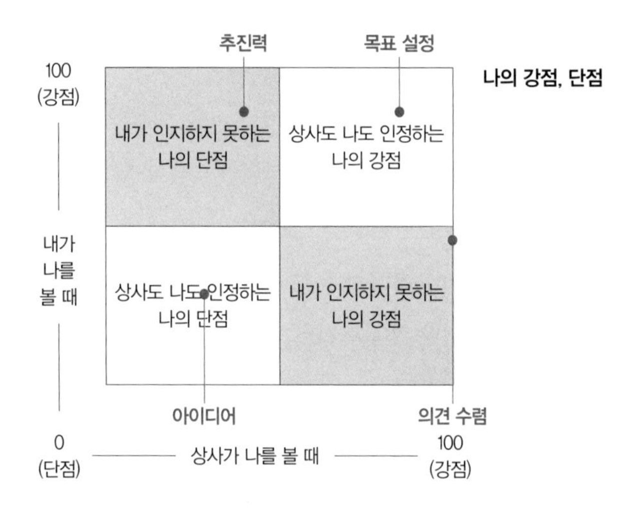

나의 강점, 단점

가장 주의 깊게 봐야 할 영역은 좌 상단, 우 하단의 영역이다. '나도 알고 상사도 알고 있는' 영역은 서로 이미 인지하고 있으므로 향후 크게 강점, 단점이 되지는 않는다.

그러나 '내가 인지하지 못하는 나의 단점'은 빨리 인식하고 적극적인 개선의 노력을 기울여야 한다. '내가 인지하지 못하는 나의 강점'은 좀 더 극대화해야 한다. 상사의 눈으로 보면 좀 더 나를 객관화할 수 있다.

부하도 알라딘이다

상사가 나를 활용하는 입장이라면 부하는 나를 저울에 올려놓고 무게를 재는 사람들이다. 상사들은 부하의 의도적인 화장술에 속아 넘어가지만 부하들은 민낯을 한 상사의 실력, 인간관계, 인성 등을 볼 수 있다. 부하의 성과를 어떻게 포장해서 상사에게 보고하는지, 내가 나의 상사로부터 어떤 평가를 받는지, 모두를 지켜보고 있다. 자신의 생사 여탈권과 행복 추구권에 막대한 영향력을 행사하는 상사에게 온통 시선을 집중하고 있는 것이다.

그러니 부하가 보는 내가 더 정직한 나일지 모른다. 부하에게 부끄러운 민낯을 들키지 않기 위해, 좀 더 상사답기 위해 노력하는 사람들은 인생의 또 다른 '지니'를 불러낼 수 있다. 아래로 거울을 비추면 누가 나를 따르고 있는지, 어떤 눈으로 나를 보고 있는지가 보인다.

테스트를 참조하라

우리는 이제껏 IQ에서부터 성격, 적성 등 수많은 진단을 받았다. DISC, MBTI, MMPI를 비롯해서 이름도 다양하고 새로운 검사를 받는다. 그 진단 결과가 정말 족집게 같다고 느껴지는 경우도 있고 평소의 나와 전혀 다른 결과에 의아할 때도 있을 것이다.

그러나 각종 테스트는 나를 객관적으로 볼 수 있는 참조자료로써 충분한 의미가 있다. 목표의식이 충만한 사람은 실제 자기 모습이 어떠한지와 상관없이 자신이 생각하는 대로 미래의 모습을 만들어 간다. 그러나 자신감이 부족한 사람들은 자신이 무엇을 잘하고 못하는지, 무엇을 하고 싶은지를 깨닫기 쉽지 않다.

새해 아침에 보는 토정비결이나 재미삼아 보는 사주팔자처럼 나쁜 것들을 피하는데 참조하면 좋겠다.

반면교사해라

회사보고 들어와 상사보고 떠난다는 말처럼 상사는 회사 생활의 행복지수를 좌지우지하는 절대자다. 아무리 좋은 점을 찾으려 해도 도저히 장점 하나 찾아낼 수 없는 상사도 있다. 그렇다고 뒤로 돌아앉아 욕하고 흉보기만 하고 있으면 상사도 바뀌지 않고 괜한 내 감정 소모만 커진다.

회의 때만 되면 회사를 뛰쳐나가고 싶다고 말하는 동료가 있었다.

동료의 상사는 회의장에 수많은 사람들을 불러놓고 모 상무가 자신만 따로 은밀하게 불러 업무를 지시했으며 함께 무엇을 먹고 어떤 사적인 이야기를 나누었는지로 회의 시간의 반을 소비했다. 나머지 반은 예전 자신의 무용담으로 채우고 1분 동안 상사가 지시한 내용을 토씨 하나 틀리지 않고 읽고 누가 이일을 할 것 인지로 마무리 했다. 업무의 배경, 목표, 예상되는 문제점에 대한 토론은 없었다. 부하들은 모든 네트워크를 동원해 지시 배경, 목표 등을 스스로 알아서 찾아내야 했다.

동료는 그 상사로 인해 오히려 효율적인 회의 진행 방법에 관심을 가지게 되었다고 했다. 직접 주관해야 하는 회의가 있으면 회의실에 들어가기 전 한 장짜리 지시서를 만드는 게 버릇이 되었다.

나쁜 경험은 오히려 자극이 된다. 나쁜 상사도 나의 미래를 올바르게 바꾸는 거울이 될 수 있다.

'윗사람에게서 싫어하던 것으로 아랫사람을 부리지 말고 아랫사람에게서 싫었던 것으로 윗사람을 섬기지 마라所惡於上 毋以使下, 所惡於下 毋以事上'라는 《대학》의 말씀을 실천할 수 있다면 말이다.

남자의 언어와 여자의 눈을 읽어라

남자와 여자는 다르다. 사고, 행동, 문제 해결 방식, 대화법 등 모든 면에서 그렇다. 남자는 일상에서 7천 개의 단어를 사용하는 반면, 여자는 2만 개를 사용한다. 특정 매장을 찾아가 바지를 사오라는 실험에서도 남자는 매장으로 바로 직진해 6분 만에 쇼핑을 마쳤는데 여자는 여러 매장을 거쳐 3시간 26분 만에 바지를 구매했다.

뇌 구조적으로도 남자는 공간 지각능력과 운동신경이 발달한 반면 여자는 기억능력과 타인의 감정과 생각을 이해하는 인지능력이 뛰어나다. 최근 발표된 연구 결과는 이런 이야기를 뒷받침한다. 미국의 펜실베이니아 대학 라지니 버마Ragini Verma 교수팀은 8~22세 남녀 천여 명의 뇌 연결망 구조를 분석했다. 그 결과 여자는 대뇌의 좌뇌와

우뇌의 연결망 구조가 발달한 반면 남자는 대뇌의 각 내부 연결이 상대적으로 더 활발한 것으로 나타났다. 운동기능을 담당하는 소뇌에서는 이런 특성이 뒤바뀌었다. 남자 소뇌에서는 좌우 반구를 오가는 연결 구조가 발달한 반면 여자는 각 반구의 내부 연결이 더 발달한 것으로 나타났다.*

물론 부분을 전체로 확대해석하기에는 무리가 있다. 고정관념에 빠질 수도 있다. 여성은 섬세하고 꼼꼼한 반면 시야가 좁고, 남성은 큰 그림을 그리는 대신 세부적인 것에 약하다는 논리는 분명 일반화의 오류다. 남자보다 훨씬 운전을 잘하는 여자도 있고 여자보다 감정을 읽는 능력이 뛰어난 남자들도 많다. 개인적 성향과 상황에 따른 것이지 '~이기 때문에'라고만 생각하는 것은 편견이다.

그러나 불행하게도 우리 사회는 아직 깊은 고정관념과 편견의 수레바퀴 속에 돌아간다. 개개인의 미묘한 성격을 네 가지 혈액형으로 구분하는 것이 우습지만 때로는 그럴듯하게 느껴지는 것처럼 조직 안의 남녀 사이에도 일정한 공식이 존재한다. 심각하게 생각하면 말도 안 되는 공식들이지만 그냥 흘려듣기에는 다소 아쉽다. 오랜 시간 많은 사람이 경험한 결과이기 때문이다.

---

* 〈미국과학아카데미 회보(PNAS), 연합뉴스, 2013년〉에서 인용, 재구성

#새벽 2시에 메일을 보낸다니까요

회사의 남자 부하를 대상으로 여자 상사의 장단점에 대해 인터뷰했다.

– 우리 차장님은, 잊어버리는 법이 없어요. 사무실 입구에서 우연히 만나 지시한 내용까지 일주일 뒤에 물어보신다니까요. 남자들은 왜, 서로가 기억을 잘 못하잖아요. 어떻게 모두 다 기억할 수 있는지 신기해요.

– 저희 부장님은 새벽 2시에, 그것도 부서원 전체에게 업무지시 메일을 보냅니다. 간혹 상무님께 보고하면서 저희를 참조로 넣기도 하는데, 정말 기겁하겠어요. 한번은 부장님께 왜 새벽 2시에 메일을 보내시는지 물었더니 '그날은 애들 때문에 내가 조금 일찍 퇴근했잖아. 그래서 애들 재우고 집에서 일 좀 더해서 보낸 거야' 라고 그러시더라구요. 정말 시간 계산법이 남자들과는 다른 것 같아요.

– 우리 차장님은 무턱대고 호통치는 일이 없어요. 문제가 발생하면 원인부터 찾으려 하는 편이죠. 무작정 결론만 요구하는 남자 상사들보다 대화가 잘 통해서 좋습니다.

#무슨 말인지 알겠지?

현명해 사원은 아침부터 탁탁해 부장의 책상 앞에서 꼼짝달싹 못하고 있다. 보고서 첫 장에서 발견된 오탈자가 결국 탁탁해 부장의 단골 레퍼토리인 '신입사원의 태도와 마음가짐'에 대한 연설로 발전한 것이다.

"이제 무슨 말인지 알겠지? 내가 이런 것까지 하나하나 가르쳐 줘야 하나? 다시 수정해 와."

현명해 사원은 어리둥절하다. 1시간 넘게 탁 부장 옆에 앉아 있었지만 무엇을 어떻게 수정해야 하는지 전혀 감이 잡히질 않는다.

며칠 뒤 김평범 대리가 탁탁해 부장의 책상 옆에 서 있다. 현명해 사원과 같은 모습이다. 그런데 김평범 대리는 "말씀해주시니 이제야 방향이 보이기 시작하는 것 같습니다. 다시 해보겠습니다"며 자리에 앉는다. 현명해 사원은 진심으로 궁금해 물었다. "김 대리님, 뭘 아셨다는 거예요?" 김평범 대리는 해맑은 얼굴로 말한다. "아, 나도 잘 몰라. 보고서가 마음에 안 드신다잖아. 고치라는 얘기지 뭐."

조직안의 연령, 인종, 연구 분야가 다양해지고 있다. 그중에서 가장 눈에 띄는 것은 여성인력의 약진이다. 국가 차원에서 여성고용과 성장을 위한 정책이 수립, 실시되고 있어서기도 하지만 학교에서, 각종 고시에서 1, 2등을 석권하고 있는 여성인력은 이제 어쩔 수 없는 시대의 필요다. 가만 생각하면 특별한 일도 아니다.

여성 인력들은 양적으로 뿐만 아니라 질적으로도 그 세를 불리고 있다. 실력을 인정받으면서 리더군에 진입했고 조직 장악력도 남성들을 바짝 따라잡고 있다.

이제 회사는 조직의 성과를 위해서 남녀 상호 간의 이해와 화합을 강조하고 나섰다. 그러나 여성들과 대등한 입장에서 대화를 나눠본 경험이 많지 않은 상사들은 부모의 집중적인 관심 속에서 성장한 새

내기 여성 인력들과의 대화가 쉽지 않다고 토로한다.

남자 부하는 새벽 2시에 업무 메일을 보내는 여자 상사의 치열함이 무섭다고 말하고 여자 부하들은 '무슨 말인지 알겠지?'라고 얼버무리는 남자 상사들의 의중을 이해하기 힘들다. 여자 상사들은 남자 부하들의 대충대충 일처리가 못마땅하다.

이제 우리는 아수라 백작이 되어야 한다. 선과 악을 동시에 가진 만화의 조연이 아니라 남성성과 여성성을 동시에 가진 사회의 주연 말이다. 때론 남자의 언어로, 때론 여자의 눈으로 보고 말할 수 있어야 한다.

입장, 상황의 차이다

화성이든 금성이든 별에서 온 외계인이라면 지구에 적응하는 것이 만만치 않은 것은 매한가지다. 남자여서 쉽고 여자라서 어려운 일은 없다. 부하의 입장, 상사의 입장, 혹은 상황의 문제라고 생각하고 길을 찾아야 미로를 빠져 나올 수 있다, 어려움의 이유를 남자, 여자라는 꼬리표에서 찾으면 편견부터 생기고 극복하지 못하는 장애물처럼 느껴진다. 무섭다고, 불평등하다고 중얼거리고만 있으면 시험은 잘 보지만 말귀를 못 알아듣는 헛똑똑 소리를 듣는다.

작은 싸움에 목메지 마라

80~90년대에 여성학, 페미니즘이 봇물처럼 유행했다. 대학에서 공부를 하던 당시 다른 과목은 몰라도 여성학 과목만큼은 A+를 받으며 평균 학점을 견인했던 기억이 있다. 그래서인지 회사에서도 '여자' 소리만 나오면 흰자위를 굴렸다.

입사한 지 얼마 안 되어 부장님이 커피를 타오라고 시킨 적이 있다. '커피 심부름은 남성 문화의 상징과도 같으니 잘못된 점은 확실히 일깨워줘야 한다'는 강사의 말을 가슴 깊이 새겨두고 있던 터라 오랜 고민 끝에 커피 한 스푼에 프림 열 스푼, 설탕 열 스푼의 커피를 만들어 갔다. 한 모금을 마시던 부장님은 싱긋이 웃으며 "그래 무슨 말인지 알았어"라고 했다.

그 당시 커피는 여성의 인권처럼, 대단한 차별처럼 느껴졌다. 신입사원인지라 소극적 의사 표현으로 그쳤지만 몇 년 뒤에 들어온 후배들은 유사한 일을 토론 안건으로 올리며 공방을 벌이기도 했다.

그런데 몇 년이 지나 깨달은 것이 있었다. 진짜 차별은 '기회'를 주지 않는 것이지 커피를 타는 일, 무거운 짐을 드는 일 따위가 아니었다. 커피 심부름을 시켰던 부장님은 연달아 최고 고과를 주며 앞으로 회사에서 더 많은 일을 하라며 격려했었고 이후에 만난 상사는 커피 따위는 부탁하지 않았지만 티나게 같은 성별의 부하들을 모아두고 업무를 구분했다.

작은 것들에 연연하고 분노하지 말라. 여러 불합리한 일들이 단지 여자, 남자이기 때문이라고 단정 지어서도 안 된다. 나쁜 목적으로 여성, 남성을 나누는 상사도 있지만 요즘 상사들은 여성, 남성과는 상관없이 될성부른 싹에 거름을 준다. 남성, 여성을 나누기에는 수적으로나 질적으로나 예전과 다른 상황이 되었다. 아침에 기분 좋은 얼굴로 커피를 건네는 남자 후배를 보며 예전 부장님께 기분 좋은 얼굴로 맛있는 커피를 건네지 못한 것을 후회했다.

누구나 다양한 불합리에 노출된다. 사람은 많고 자리는 정해져 있고 시간이 없기 때문이다. 작은 것과 싸워 이긴다고 진짜 승리하는 것은 아니다. 싸움은 큰 것을 잃었을 때 하는 것이다. 도덕성, 자존심을 버리는 일이 아니라 시간이 드는 일이라면 여성, 남성을 생각하지 말고 우선 열심히 해놓고 보자. 상사가 어떻게 나오는지 말이다. 싸움은 그 다음에 해도 늦지 않다.

유리천장을 부숴라

멋진 외모를 가진 사람은 성격이 좋지 않을 거라든가, 부자는 행복하지 않거나 부패했을 거라고 생각하는 것을 '상보적 신념'이라고 한다. 좋은 점이 있으면 반드시 좋지 않은 점도 있을 거라 믿는 심리이다. 남자들은 저돌적이지만 섬세하지 않을 거라든가, 여자는 추진력보다는 섬세한 면이 강할 것이라고 단정 짓는 생각들이다.

이런 상보적 신념이 내면의 유리천장이 된다. 모든 여성이 섬세하기만 하지는 않다. 저돌적으로 일을 밀어 붙이는 여성들도 있고 꼼꼼하고 세심한 감정까지 배려하는 남성들도 있다. 일반화의 공식에 나를 넣고 재단하면 나의 진짜 장점은 유리천장에 갇힌다. 고정관념의 틀에서 강요받는 장점은 장점이 아니다. 섬세해야 한다고, 저돌적이어야 한다고 채찍질하지 마라.

배우자에게서 찾아라

성공한 여자 뒤에는 여자 세 명의 희생이 있다는 말이 있다. 그렇기에 대부분이 끝까지 성공하지 못한다. 친정어머니, 시어머니, 딸 등 세 명의 여자를 희생해서라도 성공하려면 독립운동쯤은 되어야 도전해볼 용기가 나고 그러니 미안한 마음에 중간에서 포기하게 된다.

애꿎은 친인척에 매달리지 말고 배우자를 처음부터 가정의 일에 적극적으로 참여시켜라. 일도 가정도 완벽하게 해내는 슈퍼우먼이 될 생각은 하지 마라. 언젠가는 녹다운 되고 말 것이며 '괜찮다, 난 할 수 있다'는 말만 철썩 같이 믿는 어리석고 나약한 가족들을 만든다. 남자들도 마찬가지다. 가정의 일에 적극 참여하면 여자 상사, 여자 부하의 상황을 이해할 수 있다. 어느 동료 부장은 육아휴직 후 변한 여자 부하에 대한 실망이 커졌다가 일과 가정 일을 병행하는 아내의 모습에서 해답을 찾았다고 했다.

미리 익히자

사회생활은 복습보다 예습이다. 예습은 편견, 고정관념을 주기도 하지만 굳이 겪지 않아도 되는 구렁텅이에 빠지지 않게 해준다. 가볍게 예습하고 현실과 만나자.

남자 상사와 남자 부하

– 방자는 이도령의 가장 믿을 만한 부하다. 일의 완성도보다 '신뢰'가 더 중요한 관계다. 남자는 정복의 역사와 함께 성장했다. 따라서 너무 유능해 자신의 자리를 위협할 것 같은 부하보다는 끝까지 배신하지 않고 자신만을 따르는 부하를 원한다. 유능함은 권한을 충분히 위임 받았을 때 행사해도 늦지 않다.

– 남자와 남자는 아버지와 아들의 관계에서 출발했다. 아들이 아버지의 권위를 인정하지 않고 위계를 벗어나면 큰 형벌을 받았다. 대신, 복종하면 절대적인 권한을 위임받았다. 무슨 말인지 몰라도 알아듣는 관계다. 아침에 죽을 듯이 야단을 치고 저녁에 술 한 잔 하고 나서 "이제 됐지?" 하는 관계다. 나쁜 일에 빠질 확률이 높다. 조심해야 한다.

– '한 팀'이 되기 위해서는 비밀스럽게 함께 할 것을 찾아야 한다. 축구, 등산, 낚시 등 관심 사항을 공유하고 열광하고 나면 결속력은 더 강화된다. 진짜 'Bro'가 된 느낌이 든다.

여자 상사와 여자 부하

– 직장의 상사는 '언니'가 아니다. 온갖 역경을 이겨내고 그 자리에 오른 여자 상사는 상대적으로 좋은 환경에서 쫑알거리기만 하는 여자 부하가 못마땅하다. 어설프게 여동생 흉내 내지 말고 철저하게 부하로 임해야 한다. 부하가 상사를 언니로 만드는 순간 상사는 계모의 모습으로 나타난다. 상사가 나쁜 것이 아니라 부하의 선택이 옳지 않은 것이다.

– 여자 상사에게 괜한 경쟁심을 가지지 마라. 주위로부터 매순간 비교를 당해도 상사를 질투하고 깎아내리지 마라. 부하가 상사를 경쟁자의 위치에 올리는 순간 상사는 철저하게 상사의 우세함을 증명해 보인다. 특히 성공한 여자 상사는 부하의 불순한 의도를 파노라마처럼 펼쳐 보일 능력을 가지고 있다.

– 적당한 거리를 유지하는 것이 좋다. 커뮤니케이션, 상황 대처, 문제 해결법 등 모든 것이 유사해서 한눈에 알아차릴 수 있는 관계다. 살아있는 육감이 느껴지지 않을 정도의 거리를 유지하는 것이 좋다.

여자 상사와 남자 부하

– 여자 상사들은 탁월한 기억력, 논리력을 가진 사람들이다. 지나가는 말도 잊지 않고 모든 잔소리에도 이유가 있다. 부하 자신조차 까마득히 잊고 있는 것도 정확하게 기억한다. 대충 얼버무릴 생각하지 마라. 과정의 합리성과 타당성으로 설득해야 한다.

– 여자 상사는 시간 관리에 능하다. 직장과 육아를 병행함으로써 짧은 시간에 많은 일을 하는데 이골이 난 사람들이다. 무조건 열심히 일하는 것보다 효율적인 성과를

보여줘야 인정받을 수 있다.

– 여자 상사의 잦은 칭찬에 속지 마라. 여자 상사는 2만 개의 단어로 이야기하는 사람들이다. 칭찬의 의미도 제각각 다르다. 여성들은 상대를 배려해 간접화법을 사용한다. 말과 마음이 같지 않을 수도 있다.

남자 상사와 여자 부하

– 쓸 만한 물건인지 테스트하는 상사에게 무슨 일이 있어도 일을 해내는 끈기, 굴하지 않는 꿋꿋함을 보여야 한다. 남자 상사는 맷집 좋은 부하의 모습을 보고 나면 시시콜콜 개입하지 않는다. 믿고 맡긴다.

– 남자 상사들의 거친 말에 주눅 들지 마라. 그냥 잘못에 대한 지적일 뿐이다. 상사의 어두운 표정은 그냥 어두운 표정일 뿐이다. 나에 대한 '화'가 아니다. 남자 상사들이 사용하는 직접화법에 적응해야 한다.

– 남자 상사뿐인 부서라면 싫거나 좋거나 남성 위주의 문화에 적응해야 한다. 힘 있는 자가 문화를 장악하는 건 자연스런 이치다. 약자를 배려할 때까지 기다리다간 세월 다 지나간다. 다수의 문화에 적응해야 소수의 권리도 주장할 수 있다.

3

착각

錯 覺

벗어나기

포장은
벗어 던져라

명품 브랜드는 소비자들에게 우수한 품질뿐 아니라 끊임없이 새로운 가치를 제공하며 그 명성을 쌓아왔다. 그 어마어마한 가격은 본질은 변하지 않으면서 진화를 거듭해 온 노력의 대가다. 물론 명품의 모든 제품이 높은 품질과 전통, 역사를 자랑하는 것은 아니다. 의류에서 명성을 쌓아온 명품 브랜드가 신발로 그 영역을 확장하는 경우, 충분한 검증의 시간이 필요함에도 소비자들은 기꺼이 높은 가격을 지불하며 신제품을 구매한다. 의류에 대한 신뢰가 신발에까지 확장된 것이다.

이처럼 어떤 대상에 대한 일부 평가가 다른, 혹은 나머지 전부에 영향을 주는 것을 후광효과Halo Effect라 한다. 잘생긴 사람은 똑똑하고 일도 잘하고 친절할 것이라는 생각은 외모에 대한 후광효과다.

수년 전 EBS 다큐프라임에서 신문 디렉터인 한 남성을 대상으로 실험을 했다. 남자는 편한 옷을 입고 쇼윈도에 서서 여성들의 평가를 받았다. 여성들은 남성의 직업을 공장에서 일하는 사람, 음식점에서 일하는 사람으로 예상했고 연봉은 1천 2백만 원, 매력지수는 10점 만점에 2점을 주었다. 다음엔 말끔한 정장으로 갈아입고 쇼윈도에 섰다. 여성들은 남성의 직업을 변호사, 의사로 예상했고 억대 연봉을 받는 부잣집 아들일 것이라고 말했다. 매력지수는 9점을 넘었다. 옷차림과 외모에 대한 호감이 지적 능력, 집안 환경, 매력 등 그 사람의 전반적인 평가에 영향을 준 것이다.

조슈아 벨Joshua Bell의 거리 악사 실험도 있다. 미국의 유명 바이올리니스트인 조슈아 벨의 공연 티켓은 한 장에 수백 달러가 넘는다. 이런 조슈아 벨이 워싱턴시의 한 지하철역에서 거리 악사 차림으로 40분 동안 연주를 했다. 3백만 달러짜리의 스트라디바리우스를 들고서. 천여 명이 지나는 동안 음악을 들은 사람은 7명에 불과했고 27명이 돈을 놓고 가, 수입은 총 32달러 17센트였다. 실험 전 보스턴에서 열린 연주회는 한 장에 수백 달러가 넘는데도 전석이 매진이었다. 사람들은 조슈아 벨의 연주라는 본질적 가치보다 연주자와 연주 장소의 브랜드 가치에 열광한 것이다.

이처럼 특정 상품을 사면 그 상품을 구매할 능력이 있는 집단에 속한 것 같은 환상을 주는 것을 '파노폴리 효과panoplie effect'라 한다. 명품 백을 사는 것도, 유명 연주회에 가는 것도 결국은 자신이 그것을 소비할 수 있는 사회계층임을 보여주려는 심리 중 하나다.

#할 줄 아는 게 뭐냐?

현명해 대리는 오랜만에 대학 동기와 저녁식사를 했다. 식사 초반부터 친구는 불만을 터트린다.

"대기업에서는 도대체 일을 어떻게 배우냐? 윗사람들은 일 안하냐? 얼마 전 너희 회사 출신 탁탁해 부장이 우리 회사에 들어왔거든. 우리 팀장으로 왔는데, 기가 막혀서. 현장은 눈코 뜰 새 없는데, 툭 하면 '여기 회사에는 이런 것도 없습니까?', '시스템이 엉망이네요', '기본이 안 되어 있네요' 이러고 있다니깐. 업무 파악도 제대로 못해서 거래선에게 실수나 하고. 이래가지고 언제 물건을 파냐고. 뭐가 중요한 지를 몰라." 현명해 대리는 마음이 무겁다. 친구에게 한마디 반론조차 못한 건 그 모습이 언젠가 찾아올 자신의 미래가 아닐까 하는 불안감 때문이다.

#포장이 더 중요해

탁탁해 차장은 보고서를 기막히게 쓴다. 세부적인 수치와 개선 전후 변화 사진까지 담고 있어 어떨 때는 첨부 문서만 100페이지가 넘어간다. 보고서 화장에 들이는 시간도 만만치 않다. 그러다 보니 초안을 만들어야 하는 현장 부서나 사원, 대리들은 보고서 작성에 많은 시간을 들여야 한다.

그런데 어느 날 현명해 상무가 현장 내부 점검을 지시했다. 점검 결과는 가히 충격적이었다. 실제 개선했다던 현장은 모두가 연출되었거나 조작된 사진이었고 실제 업무에서도 부하에 대한 강압적 지시가 있었다는 것이 밝혀졌다.

내부 사정에 밝은 부하들은 '언제고 터질 일이 터졌다'며 오히려 반가운 기색이다. 평소 탁 차장은 입버릇처럼 후배들에게 이렇게 말했다. "일의 반은 포장이야. 포장을 얼마나 잘하느냐가 관건이지. 내용보다는 포장이라구."

'포장을 샀더니 선물이 따라 왔어요' 명절 때 마다 신문의 헤드라인을 장식하는 문구다. 갈수록 현란해지는 포장 기술은 아무런 노력 없이 찍어낸 짝퉁을 순식간에 명품으로 둔갑시킨다.

회사 일은 '내'가 아닌 너와 나, '우리'의 시너지가 모인 결과다. 일부분 내가 기여한 것은 사실이나 최종 결과물은 누구의 것도 아닌 회사의 것이다. 그런데 회사는 '우리'는 바로 '너'라고 말하고 나 역시 '우리'와 사랑에 빠져 '나'를 잊기 시작한다. 우리가 만든 성과, 우리가 남으로부터 받는 시선 모두가 나의 것인 것 같은 착각에 빠진다. 하지만 우리는 결코 내가 아니다. 이름난 회사의 명함을 들었다 해서 내가 그것과 동급인 것은 아니다.

반대로 '우리'는 반짝이는 보석을 감추는 추레한 비닐봉지가 되기도 한다. 더 멀리, 더 크게 뛰어 오를 수 있는데도 우리라는 감옥에 갇혀 발목에 쇠사슬을 묶고 있는지 모른다.

그러므로 '우리'는 언젠가 벗어야 할 포장지다. 몸값 매겨 이직할 때나 제2의 삶을 살아야 할 때 게임의 결과가 나타난다. 분명 우리는 '우리' 속에서 성장한다. 하지만 때로 우리에서 벗어나 나의 실체와 마주해야 한다. 포장지로 남을 속여서도 안 되지만 그 화려함과 추레함에 스스로의 눈을 가려서는 더욱 안 되기 때문이다.

우리는 남이다

많은 회사들이 '우리가 남이가!'라고 말한다. 같은 배를 탔으니 개인의 희생을 감내하면 전체의 발전과 더불어 개인의 성장도 뒤따라올 것이라 속삭인다. 맞기도 하고 틀리기도 하다. 회사가 성장하면 높은 연봉을 받고 남들보다 앞선 업무를 접할 수 있고 인력시장에서 좋은 값에 거래가 되는 것은 분명하다.

문제는, 조직생활의 한계가 점점 짧아지고 있다는 것이다. 평생을 '우리' 속에서 살면 좋겠지만 언젠가는 조직의 방패 없이 모든 화살을 온몸으로 맞아야 하는 날이 온다. 요즘은 고참이고 신참이고 없다. 입사와 동시에 퇴사를 고민해야 하는 시대다. 회사가 준 화려한 싸움 도구에 취해 있을 시간이 없다. 남들이 알아주지 않는 명함이라고 해서 의기소침할 필요도 없다.

'우리' 안에서 감탄하고 즐기고 떠들 것이 아니라 계획적으로 배우고 익히고 부딪쳐야 진짜 남이 되었을 때 그 우리를 사랑의 흔적으로 남길 수 있다. 이제 막 회사의 명함을 받아든 신참들에게는 너무 이르고 슬픈 얘기겠지만 우리는 언젠가 남이 된다.

작은 성공을 조심해라

작은 성공은 과도한 포장을 입는다. 떠벌리기부터 하기 때문이다. 옛날 로마에서는 전쟁에서 승리를 거두고 개선하는 장군이 시가행진을 할 때, 큰소리로 '메멘토 모리MementoMori'를 외쳤다고 한다. 라틴어로 '죽음을 기억하라'는 뜻인데 '전쟁에서 승리했다고 우쭐대지 마라. 오늘은 승리했지만 언젠가는 죽을 수 있다, 겸손하게 행동하라'는 의미를 담고 있다.

'진짜 부자는 자기 통장에 얼마가 있는지 몰라. 지금 이 순간에도 이자가 불어나고, 주가가 변하니까.' 드라마 〈시크릿 가든〉 주인공 김주원의 대사다. 뛰어난 사람은 굳이 나의 특정한 장점을 일부러 자랑하지도 남의 단점을 지적하지도 않는다. 부족하면서 높이 오르려는 욕심만 과한 사람들이 성공의 덫에 갇힌다.

작은 성공을 조심해라. 좋은 회사에 들어간 것, 어려운 프로젝트를 성공시킨 것, 권력, 실력 있는 상사 밑에서 성과를 내는 일은 작은 성공일 뿐이다. 환경과 조건이 바뀌고 더 큰 장애물이 나타나도 같은 성공을 했을 때 비로소 실력이라고 믿어야 한다. 내 실력, 성공을 저금해놓은 통장에는 지금 얼마가 있는가.

실무에 집중해라

자신의 업무뿐 아니라 유관 부서의 업무 프로세스, 관련 법규, 미래 환경변화 등 의외로 많은 것을 알고 있는 사람이 있는 반면, 일 잘한다는 소문에 겁먹고 상대해보면 어이없을 정도로 허당인 사람도 있다.

후자는 상사의 눈에 드는 일에만 집중한 경우다. 신참 때부터 윤기 나는 업무만 쫓아다니면 '접대'만 배우다 끝난다. 실무에는 관심이 없고 포장하는 기술만 키우다보면 조작에 능해진다. 리더가 되어서도 실무에 강한 부하에게 끌려 다니게 되고 서론만 긴 포장의 기술로 버티게 된다.

부하의 도움 없이는 간단한 데이터 처리나 보고서도 못 쓰는 상사들, 의외로 많다. 물론 일의 방향을 정하고 영감을 주고 실행력을 높이는 것도 상사의 큰 능력 중의 하나다. 하지만 그건 굳이 노력하지 않아도 세월이 지나면 어느 정도 자연스럽게 길러진다. 명령하는 상사가 아니라, 설명할 수 있는 리더가 되어야 한다. 밑바닥부터 다져온 사람만이 설명할 수 있다.

'척'하지 마라

명품에 빠진 사람, 욕을 먹는다. 포장하기 때문이다. 뒷돈 받는 사람, 폭력으로 위계를 지키는 사람, 욕을 먹는다. 노력하지 않고 상대의 마음을 얻으려는 공짜 심보 때문이다.

과한 것은 편법에 빠질 확률이 높다. 정상적으로 하다가는 결승점에도 가보지 못할 것 같은 불안감 때문이다. 눈감아 주고 대가를 받는 일, 가학을 통해 존경을 사는 일, 인기를 위해 금기를 어기는 일은 잠깐은 폼나게 보일지 모르나 평생 족쇄를 찰 일이다.

척 중에서도 가장 나쁜 것은 '아는 척'이다. 배우지 않은 것을 모르는 것은 당연한 일이다. 묻고 배우면 된다. 빨리 눈에 띄려고 '~인 척'하면 시간이 지나도 진짜는 배우지 못한다. 부족한 것이 일찍 밝혀지면 성장할 시간, 도움의 손길이 주어지는데 숨기려 하면 시간만 낭비한다. 진짜 짝퉁된다.

두루두루 거쳐라

고창 수박, 충주 사과, 기장 미역. 우리나라 사람이라면 익숙한 특산물이다. 고창 사람들도 콩, 배, 인삼, 사과를 모두 시도해 봤을 것이고 토양이나 기후, 수익성 면에서 수박이 가장 적합함을 알아냈을 것이다.

부서의 모든 업무, 회사의 많은 부서를 거치는 것이 좋다. 화려한

필모그래피를 쓸 수 있다는 장점 이외에 여러 경험을 통해 내가 진짜 잘할 수 있는 것을 찾을 수 있다.

주야장천 한 부서, 한 업무만 고집하면 전문가의 길이 열리는 것이 아니라 고집 센, 편견 가득한 민폐 상사가 된다. 어쩌다 맡게 된 일에서 너무 많은 시간을 보내면 그 일을 제일 잘해서가 아니라 그 일 밖에 할 게 없어 그 일을 하게 된다. 명품이 되려면 제일 잘할 수 있는 일을 찾은 다음 그 일에서 장인이 되는 순서로 가야 한다.

발품 팔아라

남들과는 다른 작은 차이를 만들어야 한다.

업무는 매일매일 반복해서 해내야 하는 일상 업무, 상사의 지시를 받아서 하는 수명 업무, 새로운 일을 만들어 내는 창조 업무로 나뉜다. 누구나 세 가지 업무를 가지고 있다. 지루한 일상 업무에 허덕이면 수명 업무를 제대로 해낼 수 없음은 물론 창조적 업무는 꿈도 못 꾼다.

그러므로 일상 업무를 정확하게 익혀 빠른 시간에 마치는 것이 첫 번째다. 수명 업무는 시간 싸움이므로 잘하는 것보다 빨리 해내는 것이 좋다. 창조적 업무가 바로 차별화인데, 세상 어디에도 없는 새로운 일을 찾아내는 것이 아니라 일상 업무를 개선하는 것, 바로 효율화다. 효율화는 시간과 비용을 줄여주므로 회사가 가장 좋아한다.

대부분의 일상 업무는 누군가, 언젠가 했을 일들이다. 오랜 역사를 가진 기업이라면 더욱 그렇다. 다른 기업들에도 같은 일을 하는 사람들이 반드시 있다. 직원들의 월급을 주고 제품의 원자재를 구매하고, 생산 공장의 시설을 관리하고, 매일 생산 일지를 쓰는 일들 말이다. 그러나 모두 조금은 다른 방식으로 하고 있다. 누구는 스무 번의 과정을 거치지만 어느 기업에서는 두세 번의 공정으로 끝난다.

다른 사람들은 어떻게 하고 있는지, 선배들은 어떻게 했었는지, 이종 산업에서는 어떤 방식으로 하고 있는지 관심을 가지고 정보를 수집하고 다른 관점으로 해석해보라. 그런 다음 상사에게 제안해라. 시키지 않은 일을 하는 게 바로 차별화다. 명품은 상상하는 것이 아니라 발품 파는 일이다.

보고서는 대화다

큰아이가 TV 드라마를 보며 물었다. "엄마, 회사에서는 왜 전부 컴퓨터만 보고 있어? 무슨 일을 하는 거야?" 듣고 보니 그랬다. 생산 현장을 제외하고 모든 부서의 모든 사람이 아침부터 저녁까지 컴퓨터와 마주 앉아 있다. 회계 부서도, R&D 부서도, 구매 부서도, 인사 부서도, 시스템 개발 부서도 모두가 부지런히 자판을 두들긴다. 그들은 과연 뭘 하는 걸까?

신입사원 때 비슷한 것으로 고민했던 기억이 떠올랐다. 그때는 사무실에 윈도우 컴퓨터가 보급되기 전이었고 그래서 초록색 커서가 깜빡이는 386 컴퓨터를 사용해서 보고서를 작성해야 했다. 줄 하나 그리는데도 10여 분이 넘게 소요되었다. 커서가 잘못 눌리면 두 줄,

세 줄이 되는 건 기본이었다.

R&D 부서는 개발, 실험을 잘하면 되고, 구매 부서는 좋은 자재를 구매하고 하면 되고 보고서는 기획, 전략 부서나 쓰면 된다고 생각했는데, 분명 같은 말인데도 빨간줄로 찍찍 긋고 다시 쓰는 상사를 보면서 억울한 마음이 들었다. "상사들은 왜 그렇게 보고서를 중요하게 생각하지? 진짜 일이 더 중요한데, 한 줄이면 끝날 일을 그 많은 시간을 버려야 하다니. 난, 상사가 되면 그러지 말아야지." 다짐했었다.

웬 걸! 상사가 되면서 나는 예전의 상사보다 더 보고서에 집착했다. 복잡한 보고서를 보면 신경질부터 났다. 설명이 필요 없는 깔끔한 보고서를 보면 감탄부터 나왔다. 그러다가 프랑스 사상가 파스칼Blaise Pascal의 명상록《팡세》에서 이런 문구를 발견했다.

'사람들은 실물에 대해서는 전혀 감탄하지 않으면서 그것이 그림이 되면 실물과 비슷하다고 감탄을 한다. 그림이란 실물에 비하여 별것 아닌데도 말이다.'

파스칼이 말한 것처럼 회사는 때로 사람의 실질적 업무 행위보다 문서의 완성도에 더 깊이 감탄한다. 회사가 모든 사람들이 하는 일을 일일이 확인할 수 없으니 보고서는 유일하게 자신의 일을 증명해내는 도구이자 대화 수단이다. 논리적으로 말하는 사람의 말을 듣고 있으면 진위 여부를 떠나서 믿음을 가지게 되듯 보고서 역시 마찬가지다. 논리 정연한 보고서를 보면 눈으로 직접 보지 않아도 일의 전체가 윤곽에 잡히고 복잡한 보고서를 보면 일의 완성도를 의심하게 된다.

물론 부서나 업무에 따라 보고서의 중요도, 성격은 많이 다르다. 한 장짜리 보고서로 끝날 일이 있고 100장을 써야 하는 일도 있다. 그러나 무슨 일을 하든 보고서에서 자유로울 수는 없다. 반드시 보고서의 산을 넘어야 한다. 직급이 높아져 관리자가 될수록 보고서를 통해 상사를 설득할 일이 잦아지고 보고서의 산은 더 높아진다.

사회적으로 성공한 하버드 대학 졸업생에게 성공의 가장 큰 요인이 무엇이었는지를 물었다. 그들이 성공의 이유로 꼽은 첫 번째는 바로 '글쓰는 능력'이었다. 미국 공학교육 학회의 조사 결과도 있다. 성공한 엔지니어 245명에게 기술문서의 중요성과 효과적인 문장력의 필요성에 대해 물었더니 45%가 '필수적', 50%가 '매우 중요하다'고 답했다. 같은 대상에게 '부하직원의 문장력을 승진 심사 시에 어느 정도 고려하는지'를 물었더니 '필수적으로 고려한다'는 응답이 25%, '많이 고려한다'는 응답이 63%였다. 글쓰기와는 거리가 멀 것 같은 엔지니어들의 응답으로는 다소 의외의 결과였다.*

《삼성 공화국은 없다》라는 책에서도 삼성에서 출세하려면 '전문성, 인간적 매력, 브리핑 실력, 요약 잘하기, 글로벌 경쟁력'을 갖춰야

* 〈머니투데이, 김용섭, 2009년 4월 4일자〉에서 인용, 재구성

한다고 했다. 브리핑 실력과 요약 잘하기의 기본은 글쓰기, 바로 문서 작성이다.

세상의 모든 일은 문서에서 시작해서 문서로 끝난다. 일일이 말로 전할 수 없으니 누구나 쉽게 알아볼 수 있는 문서를 통해 설득하는 것이다. 정부의 행정 문서도, 회사의 보고서도, 학교의 논문도 그렇다. 그래서 예로부터 인재를 판단하는 4가지 기준인 '신언서판身言書判'에 글쓰기가 포함되어 있는 것이다.

#이것도 보고서라고 가지고 온 거야?

현명해 사원은 기획팀 회의를 갔다가 놀라운 장면을 목격했다. 김평범 과장이 탁탁해 부장의 책상에 결재 파일을 올리는 순간, 탁 부장이 불 같이 화를 내며 "이것도 보고서라도 가져온 거야?"라며 고함을 질렀다. 순간 부서는 얼음이 되었다.

현명해 사원이 의아했던 것은 탁 부장이 보고서를 받고 화를 낸 시간이 불과 3초였다는 것이다. 한 장을 겨우 넘길 수 있는 시간이다.

탁 부장은 어떻게 그렇게 빨리 내용을 파악했을까? 보고서의 신인가? 그리고 도대체 무엇을 잘못 작성했길래 부서가 떠나갈 듯 소리를 지른 걸까? 게다가 김평범 과장은 회사에서도 손꼽히는 보고서의 달인인데 말이다.

#무조건 베껴 써

김평범 사원은 벌써 5번째 보고서를 베껴 쓰고 있다. 부서 배치를 받고 얼마간의 업무 소개가 끝나자 사수인 현명해 과장이 10건의 보고서와 5건의 신문기사를 던져주며 무조건 하루에 2건씩 베껴 쓰라고 했기 때문이다. 심지어 그중에서 1건은 손으로 베껴 쓰라고 친히 A4용지까지 챙겨준다.

같은 동기들은 보고서를 작성하라는 지시를 받았다는데 예전에 누가 썼는지도 모를 보고서를 베껴 쓰고 앉아 있으려니 미칠 노릇이다. 더군다나 손으로 베껴 쓰는 일은 어릴 때부터 컴퓨터 자판에만 익숙해 있는 김평범 사원에게 고역이었다.

그러나 베껴 쓰기를 마무리 할때쯤 신기한 체험을 했다. 다음 보고서를 보자마자 보고서가 어떻게 전개될지 한눈에 예상이 되었다. 심지어 오탈자까지 눈에 들어왔고 같은 숫자가 서론과 결론에서 다르게 써있는 것을 발견해냈다.

그리고 얼마 뒤 동기 모임을 나갔다. 다들 상사에 대한 원망이 가득하다. "야, 우리가 언제 보고서를 써봤냐? 있는 실력, 없는 실력 짜내서 써 가면 '기본이 안 되었다'는 둥, '넌 학교 다닐 때 뭘 배웠냐는 둥' 그러잖아. 가르쳐 주고 일을 시켜야지."

김평범 사원은 현명해 과장이 왜 자기에게 보고서를 던져주었는지, 왜 무조건 베껴 쓰라고 했는지, 조금은 알 것 같다.

선배의 코칭

직장에서의 커뮤니케이션은 상사의 업무지시와 부하의 보고, 상사의 피드백, 그리고 하루에도 수없이 이루어지는 회의와 프레젠테이션 등이 있다.

그중에서 보고서는 업무의 기본이다. 업무 추진의 목적과 결과를 논리적인 방식과 그 조직이 가진 표준화된 형식으로 표현하는 것이 바로 보고서다. 설명, 설득, 협상, 원인 분석, 문제 해결 등 여러 목적을 가진다.

그래서인지 보고서에는 숨은 오해들이 많다. 첫 번째, 상사들이 보고서를 강조하는 진짜 이유다. 실무에 집중하면 되지, 왜 그렇게 보고서를 잘 쓰라고 하는지, 형식에 치중하는 상사의 모습에 실망하기도 했을 것이다. 그러나 상사가 보고서를 강조하는 진짜 이유는 보고서 작성에 너무 많은 시간을 허비하지 말라는 뜻이다. 짧은 시간에 완성도 높은 보고서를 마무리하고 더 많은 시간을 실무에 집중하라는 의도다. 보고서에 익숙하지 않은 사람은 온종일 보고서에 매달린다. 버전 20개도 모자라 다른 폴더까지 만들어 몇 개의 버전을 더 만든다. 그러다 보면 정작 보고서에 담을 실질적 문제 해결은 등한시하게 된다. 보고서에 익숙해지지 않으면 진짜 중요한 일을 해야 할 때 앉아서 표, 그림 그리다가 끝난다.

둘째, 상사들이 원하는 보고서는 화려한 보고서가 아니다. 두툼한 보고서도 아니다. 논리적으로 요점 정리가 잘된 보고서다. 적절하지 않은 경영학 이론, 잘못 계산된 통계치로 분량만 늘린 보고서가 아니라 방향, 문제점, 해결방법을 정확하게 짚어낸 단정한 보고서에 후한 점수를 준다. 내용에 자신이 없기 때문에 보고서가 점점 화려해지고 두꺼워진다는 걸 상사들도 안다.

셋째, 상사들이 오탈자에 민감한 이유다. 신입 시절, 보고서의 내용보다 오탈자나 잘못된 문장 표현, 사소한 데이터의 오류를 침소봉대하여 야단하는 상사를 보면 무능한 상사의 전형처럼 느껴졌다.

하지만 상사가 되어 업무 보고를 받으면서 상사들이 왜 오탈자와 데이터의 오류에 집착하지를 알게 되었다. 오탈자는 담당자가 보고서에 얼마나 집중하였느냐에 대한 '증거'다. 오탈자도 단순히 부주의해서 발생하는 경우가 있고 너무 집중했기 때문에 눈에 들어오지 않는 경우가 있다. 그 둘의 차이를 상사는 귀신처럼 알고 있다. 보고서를 통해 상사는 부하의 문제해결 역량도 알 수 있지만 동시에 업무에 대한 열정도 눈치챌 수 있다. 오탈자의 지적은 노력하지 않고 집중하지 않은 것에 대한 지적이다.

넷째, 전문성에 대한 잘못된 오해다. 보고서는 쉽게 써야 한다. 전문 분야라고 해서 어려운 용어, 논리를 가져다 놓아서는 안 된다. 휴대폰, 게임 개발자들이 시제품을 들고 제일 먼저 찾아 가는 고객은 바로 어린아이다. 개발 과정에서는 온갖 최첨단의 기술이 들어가지만 어린아이가 사용할 수 있을 정도로 고객에게는 간단명료하고 쉽게 느껴져야 하기 때문이다. 마찬가지로 보고서의 고객은 현재의 상사뿐 아니라 여러 업무를 관리하는 상무님, 예산을 심의하는 부서, 회사 전체를 책임지고 있는 사장님 등 분야와 전문성에서 차이가 있다. 그러므로 보고서는 그 누군가, 어느 시점에서 읽어도 이해할 수 있을 정도로 쉬워야 한다. 해당 분야에 30년 넘게 종사한 박사들만이 이해할 수 있는 보고서가 가장 나쁜 보고서다.

회사에서 성공하려면 당연히 실무도 잘해야 하지만, 보고서도 잘 써야 한다. 보면 볼수록 궁금한 보고서, 쓴 사람만 이해할 수 있는 보고서, "탁탁해 씨, 한 번 와봐. 이게 무슨 말이야?"를 수십번 듣는 보고서는 상사에게 가슴 답답한 '고구마'다. 아무리 실무에 완벽했어도 모든 현장에 상사와 함께 할 수 없는 한, 나의 일을 보여 줄 방법은 보고서 밖에 없다. 보고서는 일을 담는 그릇이다.

상사와의 대화다

상사들은 바쁘다. 핵심을 담아 결론부터 말해야 한다. 그러나 말은 아무리 잘하려고 해도 오해를 낳는다. 말하는 사람은 '이 정도는 상대도 당연히 알고 있을 것이라' 전제하고, 듣는 사람은 말하는 사람의 의도와는 상관없이 '자신이 알고 있는 지식의 범위와 편견의 범주' 안에서 정보를 받아들이기 때문이다. 말하는 사람도 듣는 사람도 본인 중심적인 생각에서 이해한다.

더군다나 말은 사라진다. 머리에서도 기록에서도 사라진다. 고칠 수도 없다. 그러나 보고서는 상사의 업무지시에서부터 관련 부문과의 협업, 동료의 지원 등 업무 전 과정의 스토리가 결정체처럼 녹아 있다. 시간이 지나도, 현장에 없던 다른 사람이 봐도 한눈에 알 수 있다. 그래서 정부가 중요한 정책을 발표할 때도, 아나운서가 뉴스를 말할 때도 글로 만든 후 읽는 것이다.

잘 쓴 보고서는 괜한 오해를 사지 않고 오래 남겨 되새김질할 수 있다. 상사의 의도에 맞게 수정할 수 있고 나의 편견을 고쳐 쓸 수 있고 뒤늦게 밝혀지는 결론을 담을 수 있다. 보고서는 공식적인 상사와의 대화다.

머리부터 말한다

상사는 바쁘다. 결론부터 던져야 한다. 부하의 입장에서는 업무 추진 과정 중에 알게 된 모든 위험요소들을 상사에게 판단의 근거로 제공하고 싶을 것이다. 그럼으로써 자신이 저질렀을지도 모를 오류를 상사가 바로잡아주길 원할 것이다. 하지만 상사는 수많은 낮은 산들에는 관심이 없다. 최고봉을 넘었느냐 그렇지 않느냐에만 집중한다.

읽을수록, 들을수록 궁금해져서 한 시간이고 참아서 마지막에 결정적 한 방을 주는 미괄식에 우리 상사들은 관심이 없다. "그래서, 뭐? 어쩌라구?"라는 상사의 반응은 보고에 실패했다는 신호다.

회사의 기록이다

회사가 특허 문제로 일본 경쟁사와 소송에 걸린 적이 있었다. 회사는 자체 개발해 온 기술임을 입증하기 위해 수년간의 실험, 연구개발 자료를 모았다. 그런데 제각각의 형식에, 담당자, 실험 조건, 결과에 대한 표준화된 기록이 없어 소송 준비에 오랜 시간을 허비해야 했다.

보고서가 중요한 이유 중의 하나는 일상적인 보고서라고 할지라도 회사의 중요한 자산이고 회사의 운명을 좌지우지할 증거 자료가 되기 때문이다. 보고서는 의사결정이나 설득을 위해 작성되지만 결국 역사의 한 단편이 된다. 그러므로 육하원칙에 의한 'MECE'(Mutually Exclusive and Collectively Exhaustive, '상호 중복도 없고 누락도 없이')한 내용으로 구성되어야 한다.

상황과 시간이다

아무리 세상을 뒤집을 만한 아이디어가 담긴 보고서라고 해도 유사한 일들이 이미 다른 회사, 다른 부서에서 진행되고 있거나, 상황이 변해버린 시점이라면 보고서는 휴지조각이 된다. 세상에서 가장 멋진 프로포즈 현장에 지각하는 것과 같다.

보고서는 상사가 가장 원할 때, 핫한 시기에 내밀어야 비싼 값에 거래된다. GM의 회장 릭 왜고너는 "100% 옳고 느린 것보다 80% 옳고 빠른 게 낫다"고 했다. 정보나 지식은 60%, 시간이나 에너지는 40% 수준에서 일을 판단하고 결정하는 게 좋다는 말도 있다. 너무 많은 정보, 너무 많은 시간은 오히려 불필요한 낭비라는 뜻이다.

'상사의 상태'도 중요하다. 기분이 좋지 않거나 급한 일로 자리를 뜨려는데 잡아 세우면 내용의 충실도와 관계없이 백전백패한다. 상대가 나의 말을 적극적으로 들을 준비가 되어 있을 때도 100%를 전달하기 쉽지 않은데 하물며 귀가 막혀있는 상태에서 들이밀어 봤자 결과는 뻔하다. 탁 부장은 아마도 보고서의 내용을 문제 삼은 것이 아니었을 것이다. 평소 쌓아 둔 감정이 폭발했다던가, 아니면 그날 상사로부터 좋지 않은 소리를 들어서 자신도 화풀이 상대가 필요했을지도 모른다.

3초 만에 파악할 수 있는 보고서는 세상에 없다. 아무리 잘 쓴 보고서라도 두 번 이상은 읽어야 상사도 이해할 수 있는 법이다. '보고에도 타이밍이 중요하다'는 말은 상사의 이런 화풀이식 대응에 희생양이 되지 않기 위해서다.

상사의 관점이 논리다

보고서 작성에서 가장 중요한 것은 무엇일까? 문장력이 좋다면 더할 나위 없겠지만 가장 중요한 것은 '논리'다. 신규 사업 보고서, 불량 분석 보고서 등 다양한 보고서가 있지만 모든 보고서는 현재의 문제점과 원인 분석, 비교 평가, 대안을 제시하는 기본적인 틀을 가진다. 이런 논리적 과정을 거친 보고서는 단순한 데이터를 자료로, 그리고 쓸만한 정보로 둔갑시킨다.

문학적 글쓰기도 마찬가지다. 문장력만 좋다고 되는 일은 아니다. 어떤 타이밍에서 어떤 사건으로 독자에게 재미와 감동을 줄지 논리적 전개가 무엇보다 중요하다. 보고서와 다르지 않다.

세상의 모든 글쓰기는 하나다. 한 가지 다른 것은 소설이나 시나리오는 독자들을 사로잡기 위함이고 보고서는 철저하게 최종 결재권자, 즉 상사의 취향에 맞춰야 한다는 것이다. 직장인들에게 '논리'란 상사를 설득할 수 있는 '상사 관점의 논리력'이어야 한다.

과대 포장은 안된다

보고서는 내용이 80%, 형식이 20%다. 형식이 중요하지 않은 건 절대 아니다. 20%지만 매우 중요하다. 단, 포장이 아니라 내용 전개를 위한 형식이어야 한다. 보고서가 과대 포장되기 시작하면 경쟁이 불붙는다. 워드로 만들 것을 파워 포인트로 만들고 2장이면 끝날 것을 50장으로 늘리고 표로 가능한 것을 사진으로, 도표로 그래프로 만든다. 괜한 시간만 낭비하고 작은 결과를 크게 보이기 위한 각종 편법들이 동원된다.

보고서는 방정식이다. 과감하게 빼야 하고 눈물 나지만 나눠야 하고 덧대어 기우기도 해야 한다. 더하고 곱하는 것이 좋기만한 것도 아니고 빼고 나누는 것이 억울한 일만도 아니다.

잽을 날려라

여러 단계를 거쳐 내려온 지시사항은 입장의 차이 때문에 해석이

분분하게 갈린다. 동일한 지시사항도 영업, 생산, 인사가 보는 관점이 모두 다르고 임원, 부장, 과장, 사원이 해석하는 방향도 모두 제각각이다.

가장 좋은 방법은 재빨리 지시 내용을 정리한 한 페이지 보고서를 만드는 것이다. 상사가 지시한 내용과 향후 방향, 예상 결과를 정리하여 상사에게 확인을 받는다. 이는 상사의 지시 내용을 한 번 더 확인하는 과정이기도 하지만 여러 가지 대안 중 실행 가능한 대안, 다시 말해 예산이나 기간에 대한 가이드라인을 넌지시 파악할 수 있는 매우 좋은 방법이다.

상사도 때로는 방향을 잡지 못하는 상태에서 지시를 내린다. 누군가가 정리를 해주었으면 할 때 이런 보고서는 결정적 한 방이 된다.

처음부터 신공은 없다

보고서는 꾸준한 연습이 필요하다. 모든 일은 모방에서 시작한다. 남의 것을 내 것으로 만드는 가장 빠른 방법은 한 글자 한 글자 똑같이 베끼는 것이다.

한때 드라마 작가를 꿈꾸며 여의도 한복판에 있는 한국 시나리오 작가 협회를 다닌 적이 있다. 그때 면접관은 드라마에 관심이 없는 사람이라도 한 번쯤은 들어본 적 있을 법한 국내 최고의 작가였다. 6개월간 담임을 맡으셨던 분 역시 지금은 유명한 수필 작가가 되어 있다.

보고서 작성에 어려움을 느낄 때 그때의 기억이 떠올랐다. 토씨 하나, 점 하나 빼놓지 않고 기존 작품을 베껴 쓰며 '왜 나의 창작 열의를 꺾는지'에 대해 툴툴거렸지만 그렇게 4개월을 보내자 지문이나 카메라 용어를 따로 배울 필요가 없을 정도로 자연스럽게 시나리오의 정석을 이해하게 되었다.

그래서 잘 쓴다고 소문난 동료의 보고서를 입수해 날마다 똑같이 베껴 썼다. 폰트에서부터 줄 간격, 부호까지 반복해서 베껴 쓰다 보니 내용을 이해하게 되는 것은 물론이고 보고서에 필요한 형식, 데이터 활용법 등을 자연스레 이해하게 되었다. 잘 쓴 보고서와 그렇지 않은 보고서의 차이가 얼마나 큰지도, 그래서 보고서 잘 쓰는 것이 왜 그토록 경쟁력이 될 수 있는지도 깨달았다. 처음엔 베껴 써봐야 한다.

신문 기사와 책을 요약해라

똑같이 베끼는 것이 첫 단계라면 그 다음은 요약이다. 쓰는 이의 주관적 판단이 배제되어 있는 취재 기사부터 사설처럼 주관성이 강한 내용의 기사까지 요약해보자. 신문 기사가 충분하지 않다면 책도 나쁘지 않다. 대리 시절, 임원들에게 매달 읽어볼 만한 도서를 추천하는 업무를 한 적이 있다. 지금은 도서 요약 서비스를 하는 회사들이 많지만 예전에는 직접 책을 읽고 요약하는 수밖에 없었다. 덕분에 짧은 시간에 책 한 권을 요약하는 방법을 터득했다.

요약하는 방법은 간단하다. 책의 처음과 끝, 목차를 읽어 전체적인 맥락을 파악한다. 그 다음 각 장의 주요 내용을 책의 윗 공백에 요약하고 추후 요약된 내용만 따로 모아서 정리를 하면 전체 요약본이 된다. 남의 글을 읽고 요약하는 것만큼 더 좋은 글쓰기 연습은 없다.

현장에서 늙고 책상에서 젊어져라

프랑스 왕 루이 16세의 왕비 마리 앙투아네트는 '빵을 달라'는 프랑스 국민들의 외침에 "빵이 없으면 케이크를 먹으면 되지"라는 말을 해 결국 단두대의 이슬로 사라졌다. 후에 이 말은 루이 14세의 아내인 마리 테레즈 왕비가 했던 것으로 밝혀지지만, 당시 혁명군은 혁명의 정당성을 위해 한 나라의 왕비가 얼마나 세상물정에 어둡고 무관심한지, 이 말을 유포하며 국민들의 공분을 불러 일으켰다.

역사에 오점을 남긴 우리나라의 지도자들도 크게 다르지 않다. 현실과는 먼 무지한 언행으로 국민들을 분노케 하고 심지어 허탈하게 했다.

인생 삐끗하는 한 방은 지식의 많고 적음이 아니라 '감'의 문제다.

지금은 필요하다면 1분 안에 손가락 하나로 원하는 지식과 정보를 얻을 수 있다. 그러므로 지금은 '무엇을 아느냐'가 아니라 무엇을 '어떻게 활용하고 연결'하느냐의 문제가 되었다. 그 '연결'은 '경험'과 '이론'이 만나는 지점에서 생긴다.

보통의 사람이 무턱대고 미술관부터 간다고 해서 명화를 보는 식견이 생기는 것은 아니다. 무작정 유적지를 여행한다고 해서 역사적 의미를 깨닫게 되는 것도 아니다. 책으로 화가의 삶과 역사를 공부하고 미술관과 유적지를 찾으면 이해도는 배가 된다. 김홍도의 '씨름'에 있는 과학적인 분할과 배치의 의도를 알아내고 정조가 왜, 어떻게 화성 행궁을 건설했는지 몸으로 기억하게 된다. 듣고(지식) 보고 느끼면서(경험) 더 많은 신경세포들이 생성된다.

미국 버클리 대학의 마크 로젠츠바이크Mark Rosenzweig와 에드워드 베네트Edward Bennet, 마리안 다이아몬드Marian Diamond는 '경험이 뇌에 미치는 영향'에 대한 실험을 했다. 이 실험은 '자극이 풍부한 환경에서 성장한 동물과 그렇지 않은 동물을 비교했을 때 뇌의 성장과 화학물질에 차이가 있을 것이다'라는 가정에서 시작되었다.

세 마리의 수컷 쥐 중 한 마리는 표준적인 우리에, 다른 한 마리는 풍요로운 우리에, 세 번째 쥐는 결핍된 우리에 배치되었다. 표준적인 우리에는 음식과 물이 있고 몇 마리의 쥐가 함께 있다. 결핍된 우리에는 적절한 음식과 물이 주어지지만 혼자다. 풍요로운 우리에는

6~8마리 쥐들이 함께 생활하며 25개의 새로운 놀이기구들이 매일 새롭게 제공되었다. 실험 결과 '풍요로운 우리' 쥐의 뇌피질이 더 무겁고 빽빽했으며, 신경계 효소의 활동성도 더 컸고 많은 수의 신경교가 발견되었다.*

#적용해보면 압니다

탁탁해 부장은 탁월한 기획력의 소유자다. 개념부터 향후 계획까지 도표와 수식을 이용해 앞뒤가 꼭 맞아 떨어지는 그림을 그려내니 모두가 감탄을 금치 못한다. 반면, 현명해 부장의 기획서는 매우 허접하다. 문제의 정의와 실행 계획표만 명확할 뿐 이렇다 할 이론이나 도표, 그림도 없다. 상사들은 현명해 부장의 기획서에 불만이 많다. 하지만 실제 업무를 하는 부하의 입장은 다르다. 탁탁해 부장의 보고서는 어디서부터 어떻게 일을 해야 할지 감을 잡을 수가 없다. 반면 현명해 부장의 보고서는 우선 현장의 용어들이 많아 이해하기 쉽고 계획표대로만 진행하면 손쉽게 목표가 완성된다.

현명해 부장은 15년간 현장에서 잔뼈가 굵었다. 반면 탁탁해 부장은 현장 경험 없이 자료를 받아 주로 기획 보고서를 작성하는 일을 해왔다. 탁탁해 부장이 화려한 장식과 현학적 문구로 보고서를 장식할 동안 현명해 부장은 불필요한 일들은 과감하게 버리고 실행가능한 일에 집중했다.

---

* 〈심리학을 변화시킨 40가지 연구, 로저 R.호크, 학지사〉에서 인용, 재구성

#첨단 기술도 손에서 나옵니다

현명해 대리는 일본의 선진사를 방문했다. 시장 점유율 2위의 기업이었지만 현장의 모습은 예상과 사뭇 달랐다. 마침 신입사원들이 현장에서 교육을 받고 있었는데, 그들 손에 들려 있는 교재는 모바일 PC도, 고급 책자도 아니었다. 30년 전 선배들이 수기로 작성한 도면과 실험결과를 그대로 복사한 종이였다. 그 도면을 그린 노년의 장인이 생산현장을 지키며 신입사원들을 가르치고 있었다.

"굳이 그렇게 오래된 도면을 가지고 교육할 필요가 있습니까?"라고 물었다. "있습니다. 컴퓨터로 그리면 금형의 기본 원리를 정확하게 설명하기 힘듭니다. 컴퓨터가 다 알아서 하니까요. 일일이 손으로 치수를 재고 자로 그리면서 현장 감각을 익혀야 첨단기술도 이해할 수 있는 겁니다." 장인의 힘찬 답이 돌아왔다.

선배의 코칭

사회는 깊이보다는 넓이, 논리보다는 영감, 정의보다는 적합성을 필요로 한다. 이종이 만나 별종으로 재창조되는 일이 빨라졌기 때문이다. 우물파기가 아니라 밭 갈기를 할 농부가 필요하다는 뜻이다. 이는 보편적인 지식과 문제 해결 능력, 융복합적인 사고, 현장의 경험이 조화롭게 섞여있는 종합 선물 세트 같은 역량을 의미한다.

업무 수행에 필요한 보편적인 지식은 이미 학교 교육을 통해 습득했다. 승패가 갈리는 것은 경험이다. 경험은 위기에 대처하는 문제해결 능력을 키워주고 창조적 사고에 불을 붙여준다. 현장 경험 없이 책상에만 앉아 있으면 현실감 떨어지는 대안을 내놓거나 예측 가능한 범위의 상상력밖에는 발휘하지 못한다.

경험이 지식을 성장시키는 것은 사실이지만 복잡하게 얽혀 있는 경험을 다시 체계화하는 것은 책상 위에서 얻는 지식이다. 지식은 어지럽게 펼쳐져 있는 경험들을 분류하고 묶어 보편화시킨다. 그러므로 현장의 경험에서 끝날 것이 아니라 다시 책상 위에 앉고 현장으로 돌아가기를 반복해야 한다. 현장에서 늙고 책상에서 젊어져야 한다.

백과사전 속에서만 풀벌레, 꽃 이름을 배운 사람은 마음을 울리는 소설가가 될 수 없고, 세계 문화와 역사를 공부하지 않는 소설가는 세계무대로 나가지 못한다. 고리타분하고 고정관념에서 벗어나지 못하는 상사는 현장 경험을 게을리했거나 현장 경험만 있지 책에서 너무 멀어진 결과다.

현장으로 가라

인사팀 근무 시 CEO로부터 '모든 신입사원은 1년 동안 개발, 생산, 영업, 구매 현장을 순환근무하며 모든 업무 프로세스를 익히라'는 지시를 받았다. 급히 교육 프로그램을 설계하고 신입사원들을 현장으로 보냈다. 그런데 정작 현장에서는 숙련되지 않은 신입들을 어떻게 교육해야 할지 부담스러워 했고 배치 부서에서는 사람 좀 빨리 보내 달라며 아우성이었다. 신입사원들도 낯선 지방 근무와 야간 근무에

피곤함이 역력했다. 그러나 1년의 순환근무를 마치며 신입사원들이 내놓은 프로젝트의 수준은 기대 이상이었다. 멘토로 지정한 선배들의 도움이 있었을 거라 예상하지만 과제의 수준도 수준이거니와 임원들의 날카로운 질문에도 현장의 경험을 살려 답변하는 모습을 보니 그동안의 염려가 씻기는 듯 했다.

현장으로 뛰어드는 것은 다소 두렵고 어려운 일이다. 책상에 앉아 남들이 만든 결과를 편집하는 일을 하면 지금 당장이야 편하고, 남들보다 조금 빠를 수도 있겠지만 진짜 일은 만져보지도 못하고 끝난다. 사업부, 지사, 지방 근무도 두려워 마라. 몸이 가벼울 때, 현장에서 눈으로 보고 몸으로 느껴야 풍요로운 우리의 쥐들처럼 뇌가 성장해 결국 더 크게 오를 수 있다.

현장이라고 해서 생산 현장만을 일컫는 것은 아니다. 각 직무의 현장은 모두 다르다. 마케팅 기획이 아니라 영업 현장, 중앙 연구소 연구개발이 아니라 사업부의 선행개발, 구매 전략이 아니라 자재구매 현장, 자금 기획이 아니라 대출, 손해배상, 보험 영업소 등 직무별로 최전방의 현장으로 가는 것이 좋다.

아무리 입심 좋은 사람이라 해도 경험을 지어내는 일은 어렵다. "제가 3년 전 영업소에 근무할 때 한 고객의 이야기인데요"라고 시작하는 이야기는 그 어떤 경영학 이론보다 더 생동감 있게 들린다. 현장의 경험은 온전히 미래의 재산이 된다.

경험을 사라

만약 직접 현장에 뛰어들 기회를 얻지 못한다면 남의 경험을 사는 수밖에 없다. 어느 신문의 헤드라인에 이런 문구가 있었다. "너, 늙어봤니? 나, 젊어봤다." 아무리 존재감 없는 상사라 해도 그들이 세월 속에서 키워온 경험과 스토리는 감히 책 속의 몇 줄 지식에 대적할 것이 아니다. 상사의 수다스런 과거 이야기를 잔소리나 주정으로 여기지 말고 빠짐없이 들어라. 과장되고 포장되었다 하더라도 다 듣고 필요한 부분만 남기면 된다. 그리고 가능한 상사들이 작성했던 많은 보고서를 봐라. 단, 계획 보고서와 실적 보고서를 동시에 봐야 한다. 계획은 화려할 수 있다. 중요한 것은 계획대비 결과가 어떠했느냐이다. 무엇이, 왜 잘못되었고 잘 되었는지를 대조해 보면 현장의 그림이 그려진다.

책에서 얻어라

사회학자인 벤자민 바버는 '세상은 강자와 약자, 성공과 실패로 나누지 않는다. 배우는 자와 배우지 않는 자로 나뉜다'고 했다. 어떤 사람의 3년, 10년 후의 모습을 알려면 지금 읽고 있는 책을 보라는 말도 있다. 책은 짧은 시간, 많은 정보를 일목요연하게 전달해주는 훌륭한 스승이다. 백년, 천년을 이어온 조상의 지혜를 손쉽게 내 것으로 만들 수 있고 내가 경험하지 못한 분야를 매우 정당하게 훔칠 수 있다. 경험을 체계적으로 분류하고 남에게 논리적으로 전달하기 위한 정리 작업에 영감을 준다.

가능하다면 '이종'의 책에도 관심을 가지는 것이 좋겠다. 자신의 전공분야에서 책상과 현장을 부지런히 오가는 것은 한 우물을 깊게 파는 데에 더 없이 좋지만 우물의 영역을 넓히고 좀 더 세련되게 꾸미려면 이웃집의 인테리어도 좀 흉내내보는 것이 어떨까 싶다.

휴대폰 개발자, 화장품 회사, 가구 디자이너가 예술과 인문학을 공부하는 이유는 인류의 의식 변화, 문화 발전에서 제품 개발의 아이디어를 얻기 위함이다. 영감은 동종보다는 이종의 사례에서 시작된다.

'문사철 600'이란 말이 있다. 문사철은 문학, 역사, 철학의 줄임말로 30대 안에 문학책 300권, 역사책 200권, 철학책 100권을 읽어야 사람답게 살수 있다는 신봉승 방송작가의 주장이다. 문학은 언어의 보고, 역사는 체험의 보고, 철학은 초월의 보고이기 때문이라고 했다.

다산 정약용은 아들에게 이렇게 편지를 썼다. '소매가 길어야 춤을 잘 추고 돈이 많아야 장사를 잘하듯, 머릿속에 책이 5,000권 이상 들어 있어야 세상을 제대로 뚫어보고 지혜롭게 판단할 수 있다.'

토론하라

지혜는 머릿속 여기저기에 흩어져 있던 지식들이 서로 연결되면서 생긴다. 창조는 전혀 다른 것들이 만나서 화학 반응을 일으킬 때 폭발한다. 바로 연결이다. 그 연결의 오작교는 바로 입이다. 듣고 말하면 책에서 읽은 것, 현장의 경험이 좀 더 깊게 각인된다.

심각한 회의도 좋고 소주 한 잔 나누는 자리도 좋다. 소모임을 만들어 가능한 많이 대화하고 토론해라. 나의 생각도 정리되고 타인의 말 속에서 의외의 보석을 발견할 수 있다. 아울러 맞서고 물러나는 대화를 통해 갈수록 단단해져 가는 아집과 편견에서도 탈출할 수 있다.

작은 현장으로 가라

누구에게나, 어떤 업무에나 작은 현장과 작은 책상이 공존한다. 영업 사원에게는 거래처가 현장이고 연구 개발은 실험실이, 교육 부서는 교육 현장이, 정보전략 부서는 시스템을 쓰는 모든 부서가 작은 현장이다.

하루를 쪼개서 적어도 1/4의 시간은 작은 현장과 작은 책상으로 가라. 현장의 경험, 책상의 이론을 5년쯤 쌓은 다음 책상에서 체계화하고 현장에서 폭넓게 성장시키는 것이 아니라 매일 매일, 현장의 경험을 책상에서 완성하고 책상의 이론을 현장에 적용해봐야 빨리 성장한다. 현장의 목소리도 들을 수 있고, 인맥도 쌓을 수 있고 잘하면 거한 도움도 얻을 수 있다.

입사해서 4년 동안 회사의 사보를 만들었다. 매달 인쇄소의 윤전기

앞에서 마지막 필름 체크, 수정본까지 확인하는 버릇이 있었는데, 사무실에서는 인쇄소 가서 도대체 뭘 하느냐는 소리를 들었고 인쇄소에서는 수정본이 나올 때까지 죽치고 앉아서 기다리는 담당자로 통했다.

그런데 임원정기 인사를 실으며 임원의 사진을 바꾸어 버리는 실수를 해버렸다. 눈발이 흩날리는 날 회사에 배포된 모든 사보를 트럭에 싣고 인쇄소로 향하며, 고래고래 소리 지르는 과장님의 목소리를 곱씹으며 닭똥 같은 눈물을 흘렸다. 그런데 인쇄소에 도착하니 평소 "Red가 너무 올라왔다", "아니다. 이 정도면 괜찮은 편이다" 하며 실랑이를 벌였던 만만치 않은 성격의 반장님이 퇴근하려는 몇몇 교대 근무자들을 잡아놓고 스티커를 붙이며 나를 기다리고 있었다.

어느 업무에나 현장은 있다. 굳이 찾아갈 필요 없는 현장일 수도 있고 몰라도 업무에 지장을 받지 않는 현장일 수도 있다. 하지만 20년이 훌쩍 넘고 여러 업무를 경험한 지금도 인쇄 프로세스와 용어만큼은 잊혀 지지 않는다. 지금은 흔적도 없는 그 인쇄소의 구조도 뚝딱 그려낼 수 있다. 작은 현장으로 가라.

브랜드로 만들어라

누가 썼는지 금세 알아챌 수 있는 보고서가 있다. 제목의 형식이든, 요약문의 스타일이든, 내용 전개의 독특함이든 일에 자신만의 브랜드를 담아야 한다. 아무리 많은 사람의 손을 거친다고 해도 색깔이 입혀진 일은 주인이 누구인지 말해준다. 현장 경험이 없는 사람의 보고서는 책방에서 흔히 볼 수 있는 경영서적의 요약문처럼 보이고 이론이 뒷받침되지 않은 보고서는 현장 일지처럼 보인다.

모든 일이 마찬가지다. 자재 구매든, 실험이든, 정보 시스템이든, 의류 디자인이든 현장의 경험과 책상의 학습이 만났으면 자신만의 레시피로 완성해야 한다.

예전에 함께 근무했던 김 부장은 문제가 생기면 자신만의 해결방식을 사용했다. 시스템적인 원인을 찾는 것은 물론 무조건 계층별로 나누어 현장 인터뷰를 진행했다. 시행하는 측의 생각과 현장의 적용 결과에서 문제점을 뽑아냈다. 이전 방식과의 비교도 빼놓지 않았다. 당장 대책 보고서를 올리고 마무리하자는 상사의 말에도, 이 마당에 한가하게 인터뷰나 하고 있느냐는 상사의 재촉에도 굳세게 같은 방식을 고집했다. 하지만 결국 근본적인 문제를 찾아냈고 그래서 상사들은 입을 다물었고 김 부장의 부하들은 늘 현장을 돌아다녀야 했다. 지금 생각해보니 그게 바로 '감'이고 '촉'이고 김 부장만의 '브랜드'가 아니었나 생각한다.

부지런히 움직이기만 하고 내 것으로 차별화하지 못하면 '도대체 거기서 뭐하고 돌아다니느냐, 한가하게 놀고 다닐때냐'는 소리를 듣게 된다.

지금 회사와 결혼했더라도 연애해라

요즘, 엄친아 많다. 한 집 걸러 한 명씩 일등이고 영재고 명문대 출신이다. 게다가 사춘기 한 번 겪지 않은 순둥이들이다. 예의범절, 가치관, 태도 등 인성 역시 A+다. 그런데 연애 전문가들은 계산적이고 실수하지 않을 것 같은 엄친아들이 오히려 이성에 더 취약하다고 한다. 결혼하려면 연애를 해야 하는데 덥썩 결혼부터 하니 연애 방정식을 결혼해서부터 배우기 때문이라고.

이런 순둥이들은 입사와 동시에 빛의 속도로 회사형 인간이 된다. 상사가 시키는 일에 최선을 다하며 회사 일을 걱정하며 술잔을 기울인다. 회사는 어느새 안락한 품이 된다. 이런 회사형 인간은 회사 일과 소식에는 정통하지만 세상의 정치, 경제, 사회, 문화에 대해서는 어두운 독특한 현상을 보인다. 당연하다. 회사의 시간대로 살고 회사의 장소에 머물고 회사의 이야기에 몰두하다 보면 내가 보는 세상은 어느새 회사의 천장 높이까지다. 그래서 더 오래, 더 열심히 다닐 수밖에 없다.

화살과 포탄이 날아다니는 전쟁터에서 우물은 안전한 울타리가 되지만 동시에 벗어나기 힘든 감옥이 된다. 우물 안에 균열이 생기고 있는 건 아닌지, 밖에는 전쟁이 끝나고 따뜻한 봄이 온 것은 아닌지 가끔 곁눈질도 해야 한다. 순한 양처럼 가만히만 있으면 발목에 묶인 작은 쇠사슬도 풀 수 없는 코끼리 인생이 된다. '외길인생'이란 말은 70~80대가 되어 그 직종에서 정말 성공하거나 노하우를 터득했을 때만 써야 하는 용어다.

곁눈질을 위해서는 우물 밖 사람, 다른 우물에 숨어 있는 사람들과 부지런히 소식을 나누는 수밖에 없다. 달아나기 위한 적극적인 준비라기보다 나를 지키는 최소한의 방어다.

영국의 문화 인류학자인 로빈 던바Robin Dunbar에 따르면 아무리 친화력이 뛰어난 사람이라도 사회적 관계를 맺을 수 있는 최대한의 인원은 150명이라고 한다. 가장 친한 친구는 5명, 좋은 친구는 15명 정도다. 말콤 글래드웰은 누군가 죽었을 때 진정으로 울어줄 수 있는 사람의 수는 12명 정도라고 했다. 미국 자동차 세일즈맨으로 전설의 판매고를 이룩한 '조 지라드Joe Girard'는 한 사람이 제대로 관계를 형성하고 영향을 미칠 수 있는 사람은 대략 250명이라고 주장했다. 종합해보면 최소 12명에서 많게는 250명 정도까지 긍정적 관계 맺기를 할 수 있다는 말이다.

사회적 관계 맺기에서 수적인 팽창은 중요하지 않다. 250명을 넘어가면 그야말로 그냥 아는 사람일 뿐이다. 그저 아는 티를 내는 정도만으로 어깨가 으쓱해지는 비균형적인 관계 맺기를 위한 것이 아니라면 사회적 관계는 정보와 지식을 나누는 건전한 창구가 되어야 한다. 주고받아야 하고 부담스럽지 않아야 하고 일정한 선이 유지되어야 한다.

그래야 결혼하기에 적합한 이성도 보이고, 어떻게 해야 그 이성이 나에게 빠져들지에 대해서도 알고, 따라도 될 만한 상사도 보이고, 청춘을 투자해도 될 만한 회사도 보인다. 회사와 결혼이란 걸 했지만 세상과 부지런히 이야기를 나누며 연애를 게을리해서는 안 된다.

남녀 간에는 딱 한 번의 결혼만이 허락되지만 회사와의 결혼은 많이 한다고 욕을 먹지는 않는다. 오히려 경험 많고 폭넓은 사람이라는 상장을 준다. 부지런히 연애하지 않으면 버림받아도 갈 곳 없는 신세가 되는 게 회사다.

#짧은 안부, 어려운 일에는 소주 한 잔 나누죠

현명해 대리는 부담스럽지 않게 친근감을 나눈다. 가끔 전화해서 '밥 드셨어요? 날씨 좋죠?' 하는 것이 전부다. 출근하면서, 점심시간, 퇴근 버스 안에서 짧은 전화와 문자로 안부를 전한다. 사람들은 현명해 대리를 통해서 타인의 소식을 접하고 오래 전 지인을 찾는다.

현명해 대리가 이런 인간관계의 허브hub 역할을 하고 있는 건 단순히 안부 인사 때문만은 아니다. 장례식장을 찾아 슬픔을 나누고 아픈 동료를 위로하고 퇴직한 선배들과 소주 한 잔 기울이는 살뜰한 마음 때문이다. 계산적이지 않은 친근함이기에 현명해 대리 주위에는 유독 사람이 많다.

반면, 탁탁해 대리는 삼삼오오 모여 감사패를 전달하기로 한 총명해 부장의 퇴직 송별식에도 얼굴을 내밀지 않는다. 그 시간 옆 부서 김 상무의 승진 축하 자리에 가 있다. 상사 자녀 결혼식에 참석해 궂은 일을 돕는 것은 봤지만 김평범 사원 부친의 장례식장에서는 얼굴을 볼 수 없었다. 이런 일이 반복되자 주위 사람들은 탁탁해 대리가 이번에 얼굴을 보일지 아닐지를 놓고 내기까지 벌인다.

현명해 대리는 얼마 전 B그룹으로 자리를 옮겼다. 현재의 연봉과 직급보다 한 단계 더 인정을 받고 평소 본인이 하고 싶어 하던 일까지 맡게 되었다 한다. 현명해 대리의 힘들어 하는 모습에 총명해 부장이 B그룹의 상무로 있는 친구에게 현 대리를 추천했다는 소문이다. 인사팀의 간단한 평판 조회에서도 후한 점수를 받았다 한다.

#세상 보는 눈이 생겼어요

현명해 대리는 바쁘다. 낮에는 한눈팔지 않고 부지런히 움직이다 퇴근 시간이 되면 책 한 권 챙겨들고 홀연히 회사를 빠져나간다. 가까운 사람들이 술 한 잔을 청해도 목요일에는 부서 회식이 아니면 예외 없다.

현 대리는 3년 전 부터 독서 모임을 만들어 활동하고 있다. 책에서 읽은 감명 깊은 문구를 정리하고 그에 대한 자신의 생각을 짧게 적어 SNS에 올리기 시작했는데 비슷한 관심을 가지고 있는 사람들이 독서 모임을 제안했고 그것이 정기 모임으로 발전한 것이다.

자기계발서로 시작해서 점차 인문학과 경영학, 해외 원서로 영역을 넓혀 가고 있다. 요즘은 전시회, 컨퍼런스를 둘러보는 일들에도 관심을 가지기 시작했다. 토론은 관심별 분야로 나뉘어 진행이 되는데 현 대리가 이번에 관심을 가진 소모임은 시사경제 동향, 미래 예측 리포트를 분석하는 '우꿈미(우리가 꿈꾸는 미래)'다.

독서 토론의 본질적인 장점뿐 아니라 여러 분야에 종사하는 사람들로부터 다양한 정보를 얻을 수 있고 서로의 고충을 나누고 더 적합한 일을 추천해주기도 해서 현 대리는 모임에 빠질 수가 없다.

책을 정독할 수 없는 동료나 친구들을 위해서 시작했던 일이 이제는 현 대리의 가장 큰 기쁨이 되었다. "사람들에게 도움이 될까 해서 시작한 일인데, 요즘은 제가 더 많은 도움을 받습니다. 정말 스마트하신 분들이 많더라구요. 세상 보는 눈이 조금은 생긴 것 같아요. 제가 이제껏 정말 우물 안에서 살아왔다는 생각이 듭니다."

평생직장의 시대에는 나를 선택해준 회사의 발전을 위해 청춘을 바치고 함께 늙어가는 것이 미덕이었다. 회사의 성장이 개인이나 가족의 행복보다 우선시 되더라도 '회사가 잘 되어야 나도 잘 된다'는 셈법이 통했다.

그러나 세상은 불필요한 것을 버리는데 죄의식을 느끼지 않을 만큼 '쿨'해졌다. 회사도 나도 충성심이나 의리만으로 버틸 수 없다는 얘기다. 생존은 개인의 서바이벌 게임으로 넘어왔다. 지옥 같은 마음을 견디며 높은 자리에 오르는 것은 의미 있는 일이지만 영리한 일이라고는 할 수 없다.

'지랄 총량의 법칙'처럼 직장인에게 사춘기는 어김없이 찾아온다. 직장인 사춘기를 경험한 사람이 전체 직장인의 86.6%, 시기는 주로 1년차(29.1%), 2년차(24.5%), 3년차(32.8%)에 찾아온다는 설문조사 결과도 있다. 그러나 3년차에서 끝나지 않고 6년, 9년차로 이어지고 12년차쯤에 다시 강력한 것이 찾아온다는 것이 업계 정설이다. 마魔의 3, 6, 9법칙이라고 부른다.

밑도 끝도 없이 회사, 일, 상사가 싫어지고 손가락 까딱하기 싫을 만큼 무기력해지고 아침마다 출근하는 게 지옥으로 떨어지는 것만 같은 직장인 사춘기를 잘 겪어 내려면 세상과 부지런히 연애하는 수밖에 없다. 세상 돌아가는 이치, 남들이 살아가는 방식, 내가 가진 것의 가치를 알아야 객관적 시각을 가지고 기쁜 마음으로 지금의 회사에게 돌아갈 수 있다.

연애의 방법은 정보와 인맥이다.

회사원의 정보란 대단하고 비밀스런 수준의 것이 아니다. 지하철역 광고판, 거리의 전광판, 신문에 달려오는 전단지, 친구가 주워듣고 전하는 귓속말, 카더라 통신, 종합지, 경제지 등 모두가 가치 있는 정보다. '그딴 게 정보라고?'라고 생각될 정도로 일상에 널려 있지만 회사의 생활패턴에 길들여지는 순간 그마저도 취하기 쉽지 않다. 같은 시간에 일어나 같은 시간에 출근하고 비슷한 사람을 만나 유사한 일로 고민하고 같은 시간에 퇴근하고 같은 방법으로 집에 도착하기 때문이다.

또한 PC나 휴대폰과 친하게만 지내면 누군가 의도적으로 만든 세상은 알 수 있어도 야사夜事의 귀중한 정보는 얻지 못한다. 야사는 정보 중 최상급으로, 사람의 입을 통해서만 전달된다.

회사원의 인맥 또한 대단하고 폼나는 사람들과의 연결을 의미하지 않는다. 그저 아는 사람들과 끊임없이 재잘거리는 수준이면 족하다. 단, 우리 집이 아닌 이웃집, 옆 동네까지 영역을 넓혀야 하고 재잘거리는 수다에서부터 양질의 정보와 영감까지 폭을 넓혀야 한다. 적금 붓고 있는 은행의 생일 축하 문자가 아니라 연락이 뜸해진 후배에게 생일 축하 전화를 걸어보는 것도 좋겠다. 연말연시, 크리스마스, 한가위 귀향길에 울리는 단체 문자에 감동할 사람은 없다. 내가 쉬운 방법을 택하면 상대도 쉽게 받아들인다.

지금, 휴대폰에 저장된 번호 중 도움이 필요할 때 전화를 걸 수 있는 사람은 몇 명인가? 어려울 때 부탁해도 부담이 안 되는 사람, 기쁨을 나눌 수 있는 사람, 힘든 결정을 할 때 진심으로 충고해줄 수 있는 사람은 누구인가? 10년 뒤 세 가지 중 한 가지만이라도 10초 안에 떠올릴 수 있어도 세상과의 연애는 성공한 것이다.

열심히 일하면 겨울에 식량 걱정하지 않아도 되는 개미처럼 살 수는 있다는 말은 옛말이다. 요즘은 다르다. 개미가 열심히 일을 할 동안 베짱이는 노래와 기타를 치며 마을 사람들을 모아 정보를 교류했고 공연 장소를 위해 이웃 마을을 기웃거렸다. 그러다 보니 우리 마을에 없는 곡식이 이웃 마을에서 생산된다는 것을 알게 되었고 결국 베짱이는 부동산과 무역에서 엄청난 이익을 보았다. 반면 개미는 겨울 식량 걱정은 없었지만 여름 내내 열심히 일만 한 탓에 골병이 났고 엄청난 병원비로 결국 생활고를 겪었다. 베짱이가 성공하는 시대다.

월급에 안주하지 마라

회사를 감옥 같은 우물로 만드는 건 바로 월급이다. 월급은 받는 사람 입장에서는 가치에 대한 대가지만 주는 입장에서는 노동의 대가다. 그래서 주는 쪽은 유연할 수 있어도 받는 쪽은 쿨할 수 없다.

"내 가치가 이것 밖에 안 돼?"라고 물어도 회사는 "너는 10시간 일했으니 이만큼이면 돼"라고 답하는 것이 월급이다.

더군다나 월급은 늘 부족하다. 카드값, 할부금 등을 빼고 나면 한 달 고생한 보람보다는 앞으로 한 달을 더 견뎌내야 한다는 의무감이 앞선다. 그래서 직장인들의 시간은 월급날에 맞춰 흘러간다.

이 험난한 세상에 따박따박 들어오는 월급이 고마울 따름이지만 현재의 일, 세상의 변화, 나의 미래 등 미래지향적 고민을 하지 않으면 월급에 길들여져 아무것도 결정할 수 없는 날이 오게 된다. 월급은 마약보다 끊기 힘든 중독성이 있다.

회사는 직장의 사춘기에 맞춰 비타민 주사를 처방하기도 한다. 사원에서 대리로, 대리에서 과장으로 호칭과 대우를 바꿔준다. 무기력을 느낄 즈음, 회사는 다시 최면을 건다. 조금 더 의미 있는 일을 던져주고 더 큰 능력을 보여 달라고, 너는 잘할 수 있다고. 속삭인다. 그래서 다시 힘을 내고 열심히 바퀴를 돌리게 된다. 이런 순환구조에 익숙해지면 안주하고 길들여지게 된다. 세상과 담을 쌓고, 집안일에 안달복달하고, 세상일에 뒤처진다.

신문을 읽어라

세상 돌아가는 일에 관심을 가져라. 탁 부장, 현 과장의 말에만 예민해 할 것이 아니라, 정치, 경제, 문화의 변화에 귀를 기울이고 세상에 어떤 변화가 일어나고 있는지 눈을 크게 뜨고 봐야 한다. 신문은 새로운 소식을 빠르게 전할 뿐 아니라 사회와 사회를 연결하는 매개 역할을 한다. 세상을 보는 창이 된다.

특히나 종이 신문은 핫이슈들만 배치한 인터넷 뉴스와는 달리 여러 방면의 정보와 논설들이 매우 과학적인 구조로 배치되어 있다. 종이 신문이 잘 차려진 7첩 반상이라면 인터넷 뉴스는 빨리 먹기는 좋지만 영양적으로는 다소 불균형한 일품요리다.

회사 일을 한눈에 볼 수 있는 게 보고서라면 세상일을 한눈에 볼 수 있는 건 신문이다. 새로운 소식, 전문가의 논평, 미래 예측까지 골고루 습득하면 세상도 골고루 보인다.

주식시장을 봐라

주식시장은 세상의 변화를 측정하는 바로미터다. 적지 않은 판돈이 왔다 갔다 하기 때문이다. 자본주의 사회는 경제적 명분이 서지 않으면 목적을 달성할 수 없다. 따라서 주식시장은 돈이 어디로, 왜 흘러가는지를 보여 준다. 그 물결을 따르다 보면 자연스레 지식, 미래 트렌드와 가까워진다. 종자돈을 잃지 않기 위해서도 가능한 많은 정보에 관심이 가게 된다. 용돈을 벌기 위함보다는 사회의 흐름을 읽기 위한 목적인 만큼 무리한 판돈을 걸어서는 안 된다.

시간과 정성을 들여라

우리는 '성실성'이 '정보력'에 힘없이 무너지는 시대에 살고 있다. 어느 회사가 인수 합병된다든가, 어느 부서의 누가 자리를 옮긴다든가 하는 일은 당장 신문에 나올 일은 아니지만 먼저 정보를 접한 사람은 미리 주식을 팔아 손실을 메울 수 있고 빈자리에 지원하여 직무를 바꿔볼 수도 있다. 이처럼 쓸 만한 정보는 사람을 통해 얻어진다. 많은 사람들이 인맥의 거미줄을 가지고 싶어 하는 이유다.

맛있는 밥을 먹기 위해서는 장작도 패고, 군불도 때고, 뜸도 들여야 한다. 거미줄의 인맥은 시간과 정성을 통해 완성된다. 그래야 정보도 나누고 어려운 기회도 주고받을 수 있다. 과도한 목적, 계산된 방법을 사용하면 상대는 그만큼 뒤로 물러선다. 몇 번 만나지도 않은 사람에게 생일, 결혼기념일 축하 문자를 보내는 것은 감사함과는 거리가 멀다. 이런 개인 정보를 어떻게 알았을까 하는 의구심이 생기고 오히려 무섭다는 생각까지 들게 한다. 익지도 않았는데 뚜껑을 열어 설익은 밥을 대접하는 것과 같다.

사람에 따라, 관계의 깊이에 따라 강약조절이 필요한 것이 인간관계다. 인간관계는 밥짓기보다 뜸들이는 시간이 훨씬 길다. 처음부터 과도하면 상대는 경계심으로 무장한다.

허리에 감아라

기회 선점을 위해서는 인연을 만드는 것이 좋다. 다양한 분야의 많은 사람을 아는 것은 인생에 찾아올 '운'의 경우의 수를 늘리는 것이다. 그 운을 늘리는 데는 여러 방법이 있다. 한 방향만을 보며 튼튼한 사다리를 꾸준히 기어오르는 방법, 정글 속의 타잔처럼 여러 줄을 번갈아 잡는 방법, 산악인들처럼 여러 개의 밧줄을 허리에 묶는 방법이 있다.

균형 있고 튼튼한 인연을 만들어 가려면 산악인의 방법을 추천하고 싶다. 튼튼한 사다리는 끊어지면 더 나아갈 수 없고, 여러 개의 줄을 갈아타다 보면 언젠가 헛디디거나 놓쳐 아래로 추락한다. 산악인처럼 회사 내부, 외부에 여러 개의 줄을 허리에 감고 있으면 언젠가는 구조된다.

힘 있는 A상사에게 올인해서도 안 되고, 낮에 A상사의 비위를 맞추다가 밤에는 B상사의 호출에 쪼르르 달려가서도 안 된다. 모 아니면 도가 된다.

여러 명과 가볍게 사귀되 정보가 아닌 배움을 목적으로 하면 안전한 방사형의 인간관계를 만들 수 있다. 과도한 목적에서도 해방되고 주위의 괜한 의심에서도 자유로워진다.

나에 맞는 관계를 맺어라

불편하면 오래할 수 없다. 여러 사람과 두루 친한 사람이 있는 반면, 특정 사람들과 깊은 관계를 가지는 사람 등 사람마다 인연을 맺고 유지하는 방식은 다르다. 당장의 업무 성과를 위해 쌓아야 하는 인맥이 아니라면 나에게 스트레스가 되지 않는 선에서 사람을 만나야 한다.

인맥이 기회라고는 하지만 스트레스가 된다면 안 하니만 못하다. '억지'는 상대에게도 '부담'이다. 사람마다 연애의 방식이 다르듯이 인맥을 맺는 방식도 자신만의 독특함을 만들어 가는 것이 좋다. 가장 좋은 건 상대가 원하는 방식에 맞춰주는 것이지만 지속성을 담보하려면 가장 먼저 나에게 맞춰야 한다.

중간 평가해라

어느 회사의 사원증을 걸었다는 것은 매우 다행스런 일이지만 바꿔 말하면 다른 수많은 사원증의 기회를 포기한 것과 같다. 현재 잘나가는 기업이 10년 후에도 같으리란 법 없고 10년 뒤의 내 모습 역시 알 수 없다.

중간중간 걸음을 멈추고 나의 몸값이 얼마나 되는지 점검해 봐야 한다. 단순히 이직의 준비를 말하는 것이 아니다. 현재의 나와 우리 회사의 가치를 평가해보기 위해서다. 가치가 증명되면 자신감이 생겨서 좋고 기대했던 몸값이 나오지 않으면 현실감이 생겨서 더욱 좋다.

언젠가는 세상으로 나온다. 값어치를 결정하는 가장 큰 항목은 실력이지만 시장의 기대와 나의 값어치를 적당히 저울질하는 노하우에서도 가격은 달라진다.

때론 핵심 경쟁력이 핵심 경직성의 원인이 된다고 했다. 나의 최대 장점이라고 믿었던 것들이 세상에서 쓸모없는 고전이 되어 가고 있는 건 아닌지 가끔 고개를 들고 흥정해봐야 한다.

아름다움을 보여라

사람에게 감탄하는 순간은 상대에게서 풍부한 지식, 깜짝 놀랄만한 실력을 발견할 때만은 아니다. 내적인 성숙함, 성실, 겸손, 배려의 마음에 시큼해지기도 하고 땀 흘리며 열심히 사는 모습에 무작정 끌리기도 한다.

상대에게 진심으로 친절해지는 순간은 과분한 호의를 받을 때가 아니다. 오히려 상대의 부족함을 채워주고 싶어질 때다. 부족함은 때로 격한 매력이 된다. 사람은 상대의 부족함을 이용하기도 하지만 때로는 그 부족함에 안심하며 방어 자세를 푼다. 학벌, 재능, 외모 등 완벽한 조건을 가진 사람의 곁에는 그를 부리거나 추종하는 사람들이 모이지만 다소 부족한 사람에게는 진심을 다해 걱정하는 이들이 남는다. 인간이 가진 '측은지심' 때문이다.

이처럼 사람은 '무엇 때문에'만 반응하지 않는다. '누구 때문에'라는 감정적인 동기가 결정적인 순간, 작동한다. 상사의 매력은 리더십의 최고봉이 되고 부하의 아름다움은 괴팍한 상사의 마음도 사로잡는다. 아름다움 앞에서는 누구나 무장해제 된다.

이탈리아 바리 대학University of Bari 신경정신 의학과 마리나 데 토마소Tommaso 교수는 피험자들을 몇 개의 그룹으로 나누고 아름다운 그림, 보통 그림, 추한 그림을 차례로 보여주면서 손에 고통을 주었다. 그 결과 아름다운 그림을 본 사람들이 다른 실험군에 비해 가장 통증을 적게 느낀다는 결과를 얻었다.

미국 조지아 주립대학 제이스 뎁스 주니어 박사와 닐 스톡스 박사도 '아름다움은 힘이다'라는 제목의 논문을 발표했다. 보행자 470명을 관찰하며 좁은 인도에서 두 사람이 마주쳐 지나갈 때 어떤 사람이 먼저 피하는지, 또 얼마나 떨어져 지나가는지를 알아보았다. 보행자들은 지나가는 사람이 남자일 때 더 멀리 피해주었으며 평범한 외모의 여성보다 아름다운 여성과 마주쳤을 때 편히 지나갈 수 있도록 배려했다. 결론적으로 힘센 남성과 아름다운 여성은 세상을 살면서 더 넓은 영역을 확보하는 것이다.*

그렇다면 사람들은 옳은 것에 찬성할까? 좋아하는 것에 찬성할까?

미국의 심리학자 로지는 대학생들을 두 집단으로 나누고 "나는 약간의 반란은 좋은 것이며 자연계에서의 폭풍처럼 정치계에서도 필요하다는 것을 인정한다"라는 말을 들려주고 이에 대한 찬반 의견을 물었다.

첫 번째 집단에게는 이 말이 미국의 대통령인 토머스 제퍼슨이 한 말이라고 말했고 두 번째 집단에게는 러시아 혁명가인 레닌의 말이라고 말했다. 첫 번째 집단의 학생들은 거의 모두 이 말에 찬성한 반면 두 번째 집단의 학생들은 거의 모두 반대했다. 같은 말이었지만 누가 한 말이냐에 따라 평가가 달라진 것이다. 토머스 제퍼슨에 대한 긍정적인 감정이 그의 말까지 긍정적으로 만들었고 레닌에 대한 부정적인 감정은 그 메시지까지 부정적으로 만들었다.**

많은 사람들이 본인이 옳은 것에 찬성한다고 생각하지만, 사실은 상대에게 가지는 호감의 척도에 따라 옳고 그름을 판단하는 것이다. 평소 호감을 가지고 있는 사람이 충고하면 배려가 되지만 싫어하는 사람이 충고하면 '너나 잘하세요'가 된다. 좋아하는 상사가 맛집이라며 허름한 밥집으로 데리고 가면 검소하고 소탈한 것이고 싫어하는 상사가 그런 밥집으로 안내하면 구질구질한 것이 된다. 사람은 좋아하는 것을 옳다고 믿는다.

#완벽한데, 어수룩해요

현명해 대리는 일에서 철저하다. 보고서도 두세 번 확인하고 국어 실력이 좋은 후배에게 맞춤법까지 도움을 받는다. 완벽에 가까운 일처리로 상사나 부하에게 신망이 두텁다.

그런데 현명해 대리의 평소 모습은 일할 때와 달리 어딘지 모르게 어수룩하다. 기억력이 좋지 않고 씀씀이도 계산적이지 못하고 재테크에도 어둡다. 보험 가입을 권유하는 전화가 오면 쉽게 거절하지 못해 쩔쩔 매고 심지어 '인상 좋다'는 말에 누군가에게 끌려가 절까지 하고 온 적도 있다.

이번 승진에서 현명해 대리에게 밀린 탁탁해 대리마저 이런 현명해 대리의 어리숙함을 보호해주고 싶어 할 정도다. 주위 사람들은 업무처리 때와는 다른 현명해 대리의 모습에 손가락질을 하기는커녕 인간적인 친밀감을 느낀다.

#같이 밥 먹는 것보다 더 좋은 일이 있습니까?

현명해 대리는 상사, 동료, 부하에게 인기가 많다. 상사에게 심한 야단을 들어도 생글거리며 다가서고 힘든 일이 생긴 동료에게는 반드시 안부 인사를 챙긴다. 회사 적응에 힘들어 하는 후배들에게는 가끔 오글거리는 손편지를 쓰기도 한다.

그래서인지 현 대리의 결혼식장에는 하객들이 바글바글하다. 다들 현 대리가 입사 6년 만에 결혼하면서 변두리에 작은 전셋집을 혼자 힘으로 장만했다는 소식에 놀라움을 금치 못한다. 평소 선배의 생일을 챙기고 동료들에게 점심을 사고 후배들과도 자주 소주잔을 기울이는 현 대리가 어떻게 그만한 돈을 모았는지 신기할 뿐이다.

---

* 〈한겨레 21, 정재승 교수, 2008년 4월 17일자〉에서 인용, 재구성
** 〈끌리는 사람은 1%가 다르다, 이민규, 더난출판사〉에서 인용, 재구성

"현 대리, 평소 그렇게 돈을 쓰면서 도대체 그만한 돈은 언제 모은 거야?"라는 주위 사람들의 질문에, "글쎄요. 선배들에게 드리는 책 선물이 꼭 돈이 많이 드는 것도 아니고, 후배들에게는 격려가 필요할 때 어쩌다 따뜻한 밥 한 끼 사는 건데요. 같이 밥 먹는 것처럼 좋은 일이 더 있습니까? 대신 저는 술 먹어도 절대 택시 안 타고 비싼 옷 안 입고 비싼 음식점에는 근처에도 안 갑니다."라며 껄껄거린다.

사람은 때로 앞뒤 꼭 맞아 떨어지는 계산보다 난데없는 느낌에 올인하기도 한다. 머리로는 아닌데 마음으로 끌리는 것, 약한데 힘세 보이는 것, 아름답지 않은데 기분 좋은 것, 바로 '매력', 아름다움에 끌리기 때문이다.

사회생활에서 실력만한 권력은 없지만 인간적인 매력, 아름다움은 일생을 걸쳐 효력을 잃지 않는 권력이 된다. 타인에게 긍정적이고 기분 좋은 영향력을 발휘한다.

성공가도를 달리는 상사, 일 잘하는 동료, 말하지 않아도 알아서 일하는 부하는 분명 표창장감이지만 어려울 때 따뜻한 위로를 해주는 상사, 슬쩍 도움의 손길을 주고 가는 동료, 결정적인 순간 의리를 지키는 부하는 큰 울림이 된다. 사람은 상대로부터 배려, 긍정, 공감의 눈빛을 받으면 언젠가는 상대에게 힘이 되어 주겠다는 다짐을 하는 보은의 마음을 가지고 있다.

인간적인 매력과 아름다움에는 여러 가지가 있다. 훌륭한 외모, 뒤지지 않는 실력, 타고난 재능은 분명 거부할 수 없는 아름다움이다. 지적 호기심, 충만한 자신감, 예술에 대한 열정, 땀 흘리는 모습도 매력적이다. 자신의 삶을 정성껏 가꿔가는 모습은 보는 사람에게 건강함을 선물한다. 어두운 현실에 좌절하지 않고 더 나은 미래를 만들어 가고자 하는 의지가 느껴지기 때문이다.

굳이 이겨야 하는 자리가 아니라면 슬쩍 져주는 대범함, 완벽하지 않은 어수룩함도 나쁘지 않다. 여유롭고 편안하고 넉넉해 보인다.

좁은 공간의 보행자들이 아름다운 사람에게 더 많은 공간을 내주었듯이, 아름다운 그림을 보면 통증을 덜 느꼈듯이, 인간적인 매력, 아름다움 앞에서 대놓고 승부욕을 불태울 사람은 많지 않다.

아름다우면 싸우지 않고도 이길 수 있다.

단정해라

가치관, 경제력, 취향, 감정 상태, 심지어 눈으로 볼 수 없는 실력까지, 짧은 시간에 이 모든 것을 나타내는 것이 바로 첫인상이다. 루키즘이니 외모 지상주의니 하는 무시무시한 말들이 생긴 이유도 사람이 본능적으로 시각에 가장 먼저 반응하기 때문이다. 내면을 알아챌 충분한 시간이 없다면 인간적인 매력과 아름다움을 인지하기 시작하는 곳은 외모임을 부정할 수 없을 것이다.

외모는 잘생기고 못생기고의 문제가 아닌 차림새에서 오는 느낌이다. 복잡한 차림새는 복잡한 감정 상태, 취향을 보여주고 단정한 차림새는 보이는 것보다 더 귀하고 소중한 것을 숨기고 있을 것 같은 기대감을 준다. 내면으로 이끄는 유도등이 된다.

그러므로 그 누구에게도 뒤지지 않을 건강한 내면을 가지고 있다면 누구든 그 문을 열고 들어올 수 있도록 유도등을 켜야 한다. 단정함은 성실함과 같은 효력을 가졌다. 믿음과 신뢰를 준다.

상대에게 너무 쉽게 자신의 정체를 들키면 내면에 숨겨둔 많은 보물들을 보여줄 기회를 잃게 될지도 모른다. 인간적인 매력의 시작은 너무 쉽게 자신을 드러내지 않는 것이다.

허술함도 아름다움이다

작은 허술은 허물이 아니다. 적당히 인간적인 매력으로 둔갑한다. 날을 세우고 사는 것은 오히려 부족함을 티 내는 것이다. 내 몫 챙기는 셈에 어둡다고 업무 실력을 의심받거나 무시당하지 않는다. 오히려 셈에만 밝은 사람이 뒷담화의 대상이 된다.

부족함이 과도해 기피의 대상이 되지 않는 한 약간의 구멍은 인간적인 매력으로 둔갑한다. 완벽을 향한 충동, 강박증으로 상대가 비집고 들어올 틈마저 풀칠하면 의도하지 않아도 전쟁에 휘말린다. 전쟁은 경계심에서 시작된다.

모든 열정은 아름답다

끊임없이 배우고 공부하는 사람은 아름답다. 땀방울을 흘리는 모습은 생명의 느낌을 준다. 미술전 책자를 건네주는 과장님, 주말마다 근육을 1g씩 늘려오는 부장님은 일을 시킬 때도 특별해 보인다. 보고 듣고 느끼는 오감의 행동들은 사람을 항상 깨어있게 하기 때문이다.

'나 때는 말이야'라며 곤란한 순간만 되면 상대가 존재하지도 않았던, 그래서 증명할 수도 없는 과장된 과거에 집착하는 상사들의 모습이 좋아 보일 때가 있던가.

봉사, 취미활동에 열심인 부하가 술과 신세 한탄에 절어 사는 부하보다 예뻐 보일 수밖에 없다. "이놈의 회사, 때려쳐야지." 부하의 한숨은 상사에게 관심 밖의 일이다. 상사는 업무든 취미든 미래를 향해 달려가는 열정의 모습에 점수를 준다. 열정적인 사람은 보는 사람까지도 활활 불태운다. 기분 좋은 아름다움이 된다.

주머니에서 나온다

사람이 가장 너그러워 지는 순간은 바로 함께 먹을 때다. 강한 동지 의식을 느낀다. 수렵시대, 목숨을 걸고 쟁취한 고기를 나눠 먹는 것은 가족이나 같은 부족이 아니면 상상도 못할 일이었다. 사람이 함께 먹으면서 감정적 유대감을 나누는 이유다.

인색하다는 말은 인간관계에서 가장 나쁘다. 마음은 어쩔 수 없이 주머니로 표현된다. 맹수들이 판치는 정글에서 목숨을 걸고 쟁취한 나의 고기를 나누는 일이기 때문이다.

같이 일하던 과장은 가끔 슬쩍 다가와 "부장님. 배고픕니다. 밥 사주세요. 리더십은 주머니에서 나오는 거 아시죠? 밥 사주시면 부장님을 믿고 따르겠습니다"라고 말했다. 어느 날은 "부장님, 힘드시죠? 오늘은 제가 쏩니다. 순대국밥 한 그릇 하시죠" 하며 소매를 끌기도 했다.

거창한 상차림이 아니더라도 따뜻한 밥 한 끼를 나누는 것은 동서고금과 모든 종교를 떠나서 가장 환영받을 만한 친절이다. 밥 사주는 사람, 싫어하는 사람 봤는가?

한 가지 더, 상사만 주머니를 열란 법이 어디 있는가? 웬만한 상사라면 절대 얻어먹고 끝내지 않는다. 어떤 형태로든 반드시 더 큰 것으로 되돌려 준다.

의외의 모습을 보여라

아메리칸 스타일의 배우가 오리지널 사투리를 구사하거나 코믹하게만 보이는 개그맨이 유창한 영어 실력을 뽐내면 대중들은 한 번 더 뒤돌아본다. 의외성 때문이다.

조기 예체능 교육을 받지 못했다 해도, 의외의 취미 하나쯤 키워두는 건 직장 생활이 아니라 연애, 동창회, 동네 주민 모임 등 다방면으로 두루 쓰이는 카드가 된다.

우락부락한 총 대리의 피아노 연주, 가녀린 현 대리의 합기도, 일벌레로 소문난 김 대리의 요리, 나이 지긋한 현 부장님의 댄스를 보는 순간 이들의 매력지수는 폭발적으로 상승한다. 잡기에 능한 사람은 필시 일을 잘 못하거나 조직에서 소외된 사람일거라는 오해는 '응답'하는 '쌍팔'년도에 끝났다.

TV의 잘나가는 예능 프로그램들, 핫하게 떠오른 스타들은 바로 이런 예상과 빗나간 의외성에서 탄생했음을 잊지 마라.

좋아하면 판단하지 않는다

옳은 것을 믿는 것이 아니라 좋아하는 것을 믿는다고 했다. 같은 사람도 보기에 따라 경찰이 되기도, 도둑이 되기도 한다.

아래의 표를 보자.

A부장, 그는 이렇게 보인다

A를 싫어하는 부하들에게는	A를 좋아하는 부하들에게는
사람을 지배하려고 한다	강한 영향력을 발휘한다
뒤에서 부서원들을 조종한다	목표 달성을 위해 협력하도록 돕는다
이간질을 시킨다	건전한 경쟁을 유도한다
뒷담화와 유언비어가 난무하다	소통이 원활하고 의견이 다양하다
편애한다	실력 있으면 전폭적인 기회를 준다
인맥에 의존한다	주위 사람들과 좋은 관계를 유지한다

A부장은 같은 사람이지만 어떤 부하들에게는 현명해 부장으로 보이고 어떤 부하들에게는 탁탁해 부장으로 보인다. 같은 '나'이지만 어느 상사에게는 현명해 사원이 될 수도, 어느 상사에게는 탁탁해 사원이 될 수도 있다.

06
錯 ●----------------● 覺
최악과 최고

사표는 가장 좋은 순간에 던져라

같은 망치와 못을 쓰는데도 누구는 값싼 의자를 만들고 누구는 세계대회에 출품할 예술품을 만든다. 일은, 망치나 못처럼 나의 존재를 증명하는 인생의 도구이자 세상과 만나는 창이다. 그러므로 무의미한 일을 오래 지속하는 건 인생의 고문이고 삶의 낭비다.

일은 이루지 못한 첫사랑보다 더 지독한 뒤끝을 남긴다. 세월이 흐를수록 '해보지 못했다'는 미련이 남아 변명으로 일관하게 된다. '하고 싶은 일'에 대한 욕망을 주체할 수 없다면(쉽지 않은 일이지만) 잠시 쉼표를 찍는 용기를 내는 것도 나쁘지 않다. 참는 건 포기한다는 뜻의 현재형이다. 현재를 유지한다고 더 좋은 건 아니다. 더 좋은 선택, 더 나은 삶을 찾을 가능성은 얼마든지 있다. 거듭 말하지만 오래 살고 오래 일해야 하는 시대다.

그러나 '더럽고 치사해서' 쓰는 사표나 갑작스레 마음먹는 이직과는 차원이 달라야 한다. 지겨울 정도로 거듭된 검증을 거쳐야 하고 가능한 최고의 기록을 찍으며 스포트라이트를 받을 때여야 한다. 떠나는 모습이 아름다워야 한다는 고전적 이유가 아니라 끝날 때의 모습이 다시 시작하는 곳에서의 베이스 라인이 되기 때문이다.

사람은 매일 2천에서 1만개의 결정을 내리며 살아간다고 한다. 길을 건널지 말지, 점심으로 뭘 먹을지 등 찰나의 순간, 무의식중에도 수많은 결정을 내린다. 뇌는 기존에 축적된 경험과 지식을 바탕으로 현재의 위협 요인과 기회 요인을 종합적으로 판단한다. 느낌이나 감이라고 하는 것도 사실은 뇌 속에서 매우 과학적인 프로세스를 거친 결과다.

인생의 전환점이 되는 중대한 결정은 점심 메뉴를 결정하는 일과는 전혀 다른 일이다. 단순히 '좋다, 싫다'는 감정적 수준이 아니라 구체적인 목적과 행동 양식으로 서술해야 한다. 그러나 우리는 때로 더 나은 대안들 중에서 가장 손실이 큰 현재를 선택하는 우를 범하기도 한다. 이익보다는 손실에 민감하게 반응하기 때문이다. 노벨 경제학상 수상자인 대니얼 카네만Daniel Kahneman과 아모스 트버스키Amos Tvesky는 이를 '손실 회피loss aversion'라고 불렀다. 사람은 얻을 것의 가치보다 잃어버릴 것의 가치를 더 크게 평가해 더 많이 얻는 것보다 가급적 '잃어버리지 않는 쪽'으로 결정을 내린다는 것이다. 동전을 던져 앞면이 나오면 천 원을 받고, 뒷면이 나오면 오백 원을 잃는 게임이 있다고 가정해보자. 확률은 같고, 기대 이익이 손실보다는 더 크기 때문에 해볼 만한 게임이지만 사람들은 천 원의 이익보다 오백 원의 손실을 더 크게 느껴 게임에 쉽게 동참하지 않는다. 그런 이유로 많은 사람들이 현재를 선택한다. '가만히 있으면 중간은 간다'는 속담도 이런 이유 때문이다.*

#2년 준비했습니다

현명해 대리는 해외법인의 현지인을 육성하는 업무를 맡고 있다. 그러다 보니 현지인이 입국하면 교육뿐 아니라 비자, 숙박, 의료까지 생활 전반을 책임져야 해 주말에도 쉴 틈이 없다. 몸이 힘든 것도 힘든 거지만 '돌아다니지 말고 책상 좀 지키라'는 탁탁해 부장의 말에 섭섭함이 물밀듯 밀려온다. 탁탁해 부장은 이번에도 현명해 대리가 아닌 탁탁해 대리에게 후한 고과를 주었다. 한편, 김평범 대리는 유럽 수출을 담당하고 있다. 반듯한 외모, 깍듯한 예의범절, 꼼꼼한 업무실력 등 무엇 하나 빠지는 게 없다. 대리 승진도 1년 빨랐다. 그런데, 어느 날 돌연 사표를 내민다.

그리고 7년이 흘렀다. 현명해 대리는 지금 변호사다. 회사의 공정하지 못한 평가는 현명해 대리를 어린 시절 꿈으로 돌려놓았다. 현명해 대리는 퇴직하기 2년 전부터 변호사가 되기 위한 정보를 수집했고 과연 해낼 수 있을지에 대한 질문을 끊임없이

* 〈네이버 지식백과 사전〉에서 인용, 재구성

스스로에게 던졌다. 마음의 결정을 내린 후에도 바로 회사를 그만두지 않고 퇴근 후에 영어 공부를 하며 남몰래 입학시험을 준비했다. 그렇게 꼬박 2년이 지난 후 최종 퇴직 결정을 내렸다.

김평범 대리는 퇴직 면담에서 치과의사에 도전한다고 했다. 회사만 아니면 무엇이든 해낼 막연한 자신이 있었다. 그러나 김평범 대리는 입학시험도 치러보지 못하고 여러 보험회사 영업 사원을 거쳐 지금은 개인 주식 투자를 하고 있다.

#그게 왜 이상한 거죠?

현명해 대리는 동기들 중에서도 손에 꼽는 인재다. 현 대리의 퇴직 면담에서 탁 부장은 평소 현 대리가 원했던 부서 이동을 약속했으며, 석사 학위 지원 카드까지 내놓았다. 그러나 결국 현 대리는 이런 달콤한 제안들을 뒤로 하고 다른 회사로 이직했다. 그러나 주변 사람들이 더욱 놀란 것은 이직하기로 한 회사의 조건이 결코 지금보다 낫지 않다는 것이었다. 모두 궁금해 했고 현 대리는 이렇게 답했다.

"저는 넓은 곳에서 한 가지 일을 잘하는 것, 큰 회사의 명함을 가지고 다니는 것보다, 실질적으로 제 일이 커져야 한다고 생각합니다. 저는 좀 더 적극적으로 제 실력을 발휘할 수 있는 곳을 선택한 것뿐입니다. 연봉이나 직급은 지금은 상관없습니다. 제가 가서 증명해 보이면 되니까요. 그게 왜 이상한 거죠?"

현 대리는 지금 이직한 기업에서 그냥 '인재'가 아니라 '없어서는 안 되는 인재'가 되어 있다. 누구나 인정하는 최고의 모습으로 자신의 목표를 향해 떠난 현 대리는 회사가 잡지 못한 '안타까운 인재'로 기억되고 있다.

사표는 현재의 상황을 뒤집을 결정적 한 방임에 틀림없다. 직장인이라면 누구나 멋지게 사표를 날리고 홀연히 떠나는 짜릿한 상상을 해봤을 것이다.

모든 것을 단칼에 베어내는 종이 한 장의 사표는 거부할 수 없는 치명적 유혹이다. 저지르고 보자는 생각이 매순간 치밀어 오른다. 그래서 사표는 감정적 선택이 될 확률이 높다. 그렇다고 먹고 사는 일에 폼나는 선택만 할 수는 없다. 세상은 그런 나를 포용해줄 만큼 너그럽지도 않다.

선택에는 무형의 자신감 못지않게 유형의 판단근거도 매우 중요하다. 하고 싶은 일과 할 수 있는 일은 다르다. 오랫동안 키워 온 꿈이라고 해서 생계를 꾸려가야 할 때에 무작정 뛰어들 수는 없다. 도전할 만한 일인지, 과연 나는 얼마나 준비가 되어 있는지, 냉엄한 현실을 인식하고 끊임없이 스스로에게 질문한 뒤 결단해야 한다. 그러고 나면 뒤도 돌아보지 말고 뛰어가야 한다.

그러므로 사표는 배신감, 인간적인 모멸감, 자존심의 상처가 최고치를 찍는 최악의 상태가 아니라 인정받고 존중받는 최고의 순간에 써야 한다. 실패의 감정이 최고치를 찍었을 때 결심하면 다시 시작하는 곳에서도 그 감정부터 출발해야 한다. 또 실패하면 어쩌나 하는 불안감이 스타트 라인이 된다.

너무 바쁘고 힘들 때도 결심하면 안 된다. 생각할 여유가 없어 인

지적 결정보다는 감정적 선택을 할 확률이 높아진다. 충분히 생각할 정도로 뇌 공간에 여유가 있을 때, 미련이 남지 않을 정도로 인정받는다고 생각될 때, 그때 결정해야 한다.

절정의 인기를 누리던 유명 여배우들이 은막에서 홀연히 모습을 감추면 대중들은 그녀의 리즈 시절을 기억하며 팬심을 키워간다. 여배우 역시 대중의 인기를 버리고 선택한 다른 결정에 최선을 다했을 것이다. 절벽에서 떨어지지 않으려고 안간힘을 쓰며 시작하는 일과 하늘을 날 준비가 되어 있을 때 시작하는 일의 결과는 다분히 예측 가능하다. 어려운 일일수록 최고에서 시작해야 한다.

상사병上司病은 안된다

이루지 못한 꿈을 향한 상사병相思病은 대개 상사上司에서 시작한다. 나쁜 상사, 무능력한 상사는 '이렇게 살아서는 안 된다'는 결심을 하게 만든다. 원인은 나쁜 상사인데, 갑작스레 인생의 방향을 바꾸겠다고 결심하는 건 잘못된 선택이 될 확률이 높다.

우선은 부서나 일을 바꿔보는 것이 먼저다. 쉬운 일은 아니지만 바꿔보면 답은 간단히 나온다. 나의 갈등이 상사 때문인지, 일 때문인지, 이루지 못한 나의 꿈 때문인지.

상사는 나의 생사여탈권을 쥐고 있는 무시무시한 권력의 소유자이긴 하지만 나보다 먼저 집에 갈 사람이다. 더군다나 나쁜 상사라면 한 방에 훅 가게 되어 있다. 우리 사회는 아직까지 충분히 도덕적이어서 나쁜 사람들을 걸러내는 제어 시스템이 작동한다. 다만 시간이 걸릴 뿐이다.

김평범 대리는 현재를 벗어나는 목표를 달성했으므로 그 이후의 장애물은 목숨을 걸고 극복해야 할 이유가 없었다. 김 대리는 평소 탁 부장에게서 받은 한마디 한마디를 가슴에 묵혀 두었다가 치과의사인 친구의 번듯한 모습을 보고 퇴직 결정을 내린 것뿐이었다. 회사의 누구도 김 대리가 탁 부장 때문에 퇴직했다고 생각하지 않았다. 밝은 얼굴에, 열심히 일하고 인간관계까지 원만한 김 대리가 상사병을 앓고 있으리라고는 생각지도 못한 것이다. 김 대리는 얼마가 지나서 자신이 상사병上司病을 상사병相思病으로 착각했다는 것을 깨달았다. 그렇기 때문에 현 대리와는 달리 스스로에게 묻지 않았다. 정말 하고 싶은 일인지, 할 수 있는 일인지 말이다.

과신하면 착각한다

인정받는 것은 좋은 일이다. 그러나 그것이 지나쳐 과신하고, 낙관하게 되면 오히려 독이 된다. 모든 조직에는 그들만의 성공의 룰이 있다. 현재 조직에서 입에 침이 마르도록 인재라는 칭찬을 듣는다 해도 다른 조직에 가면 또 다른 룰을 따라야 한다. 반드시 성공하리란 보장이 없다.

스톡데일 장군은 베트남 감옥에서 포로로 잡혀있으면서도 언젠가는 살아 돌아갈 것을 낙관했다. 그러나 '이번 크리스마스에는 나갈 가망이 없으니 그에 대비해야 한다'고 현실적인 판단을 내렸다. 하지만 다른 많은 병사들은 크리스마스, 부활절 때마다 석방될 것이라고 낙관했고 곧 좌절과 상심 때문에 죽음에 이르렀다. 희망의 역설이다.

김평범 대리는 회사에서 인정받았으므로 어떤 결정에도 자신감이 넘쳤다. 불가능의 가능성에 대해서는 관심이 없었다. 과신은 착각의 지름길이다. 희망을 가지되, 그 희망은 지극히 현실적이어야 한다.

숙성시켜라

선택이 너무 늦어버릴지라도 너무 쉽게 결심하지 마라. 한 조직에서 4년은 보내야 결심의 정당성을 인정받는다. 사회는 엉덩이가 가벼운 사람에게 쉽게 기회를 주지 않는다. 4년은 사람이 일을 배우고 그 일과의 궁합을 판단하는, 세상이 생각하는 최소한의 시간이다.

익숙한 동료, 내편인 친구들의 조언만 듣는 것도 좋지 않다. 그들은 듣고 싶은 이야기나 막연한 위로만 한다. 결심하기 전에 1년만 숙성시켜라. 발효할지, 썩어 없어지고 말지.

입도 열어야 한다. 상사병上司病을 상사병相思病으로 착각하지 않으려면 주위로부터 도움을 받아야 한다. 자신감 있는 척, 아무렇지도 않은 척하는 것이 실력은 아니다.

작은 경험을 해라

작은 경험이라도 먼저 부딪쳐 보는 것이 좋다. 변호사, 의사, 영화배우 같이 회사 안에서 이룰 수 있는 꿈이 아니라면 우선은 회사에서 나의 꿈과 통하는 길을 찾아보는 것도 하나의 방법이다.

사업에 뜻이 있다면 영업 부서에서, 강사의 꿈을 가지고 있다면 인재육성 부서에서, 기획·컨설팅 일에 뜻이 있다면 우선 기획 부서, 재무 부서에서 먼저 나를 시험대에 올려보자. 잘한다면 더 잘해서 성장하면 되고 너무 잘해서 시장에 나가도 성공할 수 있다는 계산이 서면 그때라도 늦지 않다.

업業으로 가라

생산 회사는 생산이, 개발 회사는 개발자가, 디자인 회사는 디자이너가 중심이다. 열심히 일을 하는데도 지치는 이유는 인정받지 못하는 것, 주위를 돈다는 느낌 때문이다. 회사에서의 작은 경험, 즉 기획 부서에서 일해 보았는데도 갈증이 풀리지 않는다면 그 일을 업으로 하는 회사, 컨설팅 회사로 가는 것이 맞다. 물론 회사원의 전공이라는 게 깊은 공부보다는 여러 경험을 통해 만들어지는 것이고 시간의 성숙이 무엇보다 중요하지만 일찌감치 길을 찾았다면 일찌감치 업계로 향하는 것이 좋다. 성장의 기회도 빨리 잡을 수 있다.

뒤돌아보지 마라

많은 직장인들이 이루지 못한 꿈에 목말라 하지만 손실회피 이론처럼 현실의 잔류를 선택할 확률이 높다. 손에 잡히지 않는 가능성보다 눈에 보이는 손실, 즉 현재까지 어렵게 이루어 놓은 것을 놓기가 힘들기 때문이다. 결론부터 내려놓고 꿰어 맞추는 고민을 하고 마는 경우가 대부분이다.

아무리 냉철한 판단을 했다 해도 누구나 현재를 버리는 일은 힘들다. 이직이든, 새로운 분야에 대한 도전이든 현재보다 쉬울 리는 없다.

과거가 되면 무엇이든 아름답게 포장된다. 손실은 현실적으로 다가오고 가능성은 아직 너무 멀기 때문이다. 손실회피보다 기대 이익을 택했다면 과거는 확실하게 잘라내라. "~할 걸, ~가 좋았는데" 하는 과거형 수사는 미래에 방해가 될 뿐이다. 그저 뚜벅뚜벅 앞으로 걸어가면 된다.

07
錯 ●-------------● 覺
미래와 현재

미래는
현재의 결말이다

누구나 근사한 미래를 꿈꾼다. 아름다운 미래는 하늘이 주시는 은총이나 조상의 은덕이 아니다. 미래의 과거라고 할 수 있는 현재의 결말이다. 삶은 스펙터클한 블록버스터 영화가 아니라 솔직 담백한 다큐멘터리다. 한 방 제대로 맞으면 인생이 바뀌는 로또가 아니라 일정한 이자를 받는 정기 예금이다. 인생역전의 성공 스토리도 사실은 꼬박꼬박 부은 적금 같은 현재가 있었기에 가능했다. 아름다운 미래, 어떻게 하면 만들 수 있을까?

돈을 불리는 재주가 있는 사람을 유심히 살펴보면 일정한 특징이 있다. 결코 현재의 종자돈에 집착하지 않는다. 이자율과 물가상승률을 비교하여 부동산이든, 예금이든, 주식이든 더 많은 이익을 가져다 줄 종목에 과감히 투자한다. 목표를 채우면 더 높은 목표를 설정한다. 답은 목표다.

하버드 대학 심리 연구소가 65세 정년 퇴직자를 대상으로 설문조사를 했다.* 젊을 때부터 구체적이고 명확한 목표를 세웠던 3%는 자신의 분야에서 최고가 되었고 최상위의 삶을 누렸으며, 단기 목표는 있으나 글로 적어 놓지 않았던 10%는 퇴직 전과 비슷한 생활을, 목표가 수시로 바뀌었던 60%는 근근히 생활을 유지하고 있었다. 목표를 가지면 더 높은 성취를 이룰 수 있다는 것이 증명된 셈이다. 목표를 가진 사람이 더 오래 수명을 유지한다는 연구 결과도 있다.

물론 목표를 세우는 것만으로 사회적 지위나 삶의 연장이 가능한 것은 아니다. 물성이 변하는 임계점까지 꾸준한 노력이 필요하며 임계점을 뛰어 넘기까지 지루한 기다림을 극복해야 한다.

퀀텀 점프quantum Jup는 대약진, 대도약이라는 뜻으로 기존의 틀을

<table>
<tr><th>목표 설정</th><th colspan="2">비율</th><th>인생 성장</th></tr>
<tr><td>구체적, 명확한 목표</td><td colspan="2">3%</td><td>각계 최고의 인사, 최상위의 삶</td></tr>
<tr><td>단기적인 목표</td><td>10%</td><td rowspan="3">97%</td><td>퇴직 전과 비슷한 생활 유지</td></tr>
<tr><td>희미한 목표</td><td>60%</td><td>근근히 생활 유지</td></tr>
<tr><td>목표 없음</td><td>27%</td><td>최하위 수준 생활(취업과 실직 반복)</td></tr>
</table>

* 〈하버드 MBA에서 가르쳐 주지 않는 것들, 마크 매코맥, 길벗〉에서 인용, 재구성

깨고 도약하는 것을 의미한다. 퀀텀 점프의 어원은 독일 물리학자 막스 플랑크Max Planck가 주창한 양자도약이다. 양자도약은 원자 등 양자가 에너지를 흡수해 다른 상태로 변화할 때 서서히 변하는 것이 아니라 일정 수준에서 급속도로 변하는 것을 말한다. 임계점까지의 에너지를 축적하는 것은 어렵지만 그 에너지가 100%에 도달하면 질적 변화가 일어난다.

'1만 시간의 법칙'도 있다. 신경과학자 다니엘 레비틴Daniel Levitin 박사는 어느 분야에서든 세계적 수준의 전문가가 되려면 적어도 1만 시간 정도의 연습이 필요하다고 했다. 1만 시간은 하루도 거르지 않고 날마다 3시간씩 훈련한다고 가정할 때, 약 10년에 해당하는 기간이다.

하지만 대부분의 사람들은 99도에서 5천, 혹은 7천 시간 정도되는 그 어느 지점에서 포기를 한다. 그래서 많은 사람들이 평범한 사람으로 남고 임계점을 극복한 소수만이 성공의 결실을 누리는 것이다.

목표를 세우고 꾸준히 실천해 나가는 것은 잘 차려진 저녁식사를 예약하는 것과 같다. 맛있는 저녁식사에 합당한 비용을 지불하려면 부지런히 아침부터 움직여야 한다. 화려한 미래는 구체적인 목표와 꾸준한 실천의 합작품이다. 미래는 하늘이나 조상이 주는 게 아니라 지금, 현재 뒤에 오는 것이다.

#'하루하루'와 '기필코'

현명해 부장은 회사를 다니며 총 3명의 CEO를 가까이에서 보좌했다. 외부 인터뷰를 위해 A부회장과 B사장에게 같은 질문을 했다. 질문은 "CEO가 되기 위해 어떤 목표를 가지고 실천하셨나요?"였다.

신입사원으로 입사해 그룹 부회장의 반열에 오른 A부회장은 "신입사원 때부터 CEO를 꿈꿨던 것은 아니다. 그저 하루하루 열심히 일하다 보니 남들보다 먼저 승진했고 다음 승진에 목표를 두게 되었다. 그렇게 조금씩 목표를 세우다 보니 임원이 되었고 CEO가 되어 있더라"고 했다.

같은 질문에 B사장은, 박사학위를 받고 학교에 남을 것인가, 회사를 선택할 것인가를 고민하면서 "기업에 가면 기필코 CEO가 될 것이고 학교에 가면 총장이 될 것이라는 목표를 세웠다"고 답했다.

#미래와 만난 거죠

현명해 부장이 업무로 인연을 맺게 된 모 일간지 문화부 총명해 차장의 이야기다.

총명해 차장은 명사 인터뷰에 가끔 딸을 동반했다. 인터뷰가 주말에 잡히면 부부 모두 일을 해야 하는 처지라 양해를 구하고 인터뷰 자리에 함께 나갔다.

그러던 어느 날 초등학교 5학년인 딸이 엄마 아빠를 불러놓고 난데없이 해외 유학을 보내 달라고 했다는 것이다. 조기 유학이 지금처럼 흔치 않았던 시절이라 엄마 아빠는 몹시 당황했다. 이유를 묻자 아이는 10장짜리 파워포인트 자료를 내놓으며 자신의 미래 목표를 위해서 지금 당장 유학을 떠나야 한다고 말하더라는 것이다. "아빠,

나는 미래에 아빠가 만났던 A선생님과 B박사님처럼 되고 싶어요. 그러려면 지금부터 해외에 나가서 큰 세상을 봐야 해요." 초등 5학년인 딸이 그렇게 말했다고 한다. 야무진 그 초등생은 비록 그 당시 조기 유학을 떠나진 못했지만 지금 미국의 유명 대학을 다니며 국제기구에서 일할 역량을 차근히 쌓아 가고 있다.

회사는 절대 개인의 미래나 비전을 만들어 주기 위해 애쓰지 않는다. 그저 관망하고 평가해서 투자할 것인지, 유지할 것인지, 보유 종목에서 제외할 것인지를 결정한다. 아쉽게도 회사가 만들어 주는 비전은 입사가 처음이자 끝이다. 그 다음부터의 미래는 개인의 몫이다. 회사는 오히려 개개인이 만든 미래를 기다려 회사의 미래로 내놓는다.

이제 미래, 목표는 온전히 개인의 숙제가 되었다. 취업만 하면 인생의 모든 고민이 해결될 줄 알았는데, 알아서 살아남아야 하는 더 큰 숙제가 남았다니 아연실색할 노릇이다.

그렇다면 잘 살아남기 위해 지금, 무엇을 해야 할까?

우리는 하고 싶은 일을 적극적으로 찾기보다 남에게 선택받는 것에 길들여져 있다. 무엇을 선택하고 결정하는 것이 익숙하지 않다. 실패했을 때 짊어져야 할 책임이 두렵기 때문에 굳이 다른 선택을 하기 보다는 어쩌다를 평생의 일로 만들어 가는 경우가 대부분이다. 지금의 자리도 어쩌다의 결과임을 온전히 부정하긴 힘들다. 수많은 입사 지원서를 냈고 어쩌다 혹은 다행히 지금의 회사에 다니고 있다.

그런데 이제부터 시간은 빛의 속도로 움직이기 시작한다. 하루하루 크고 작은 것들과 전쟁을 치르느라 숨 쉴 시간도 없지만 영문도 모르고 어마어마한 시간을 저당 잡힐 것이다. 그리고 5년 뒤, 10년 뒤 문득 비슷한 전쟁을 치르고 있는 나를 발견하며 놀랄 것이다. 비록 적극적인 선택의 결과는 아니지만 우리는 분명 장애물을 넘고, 오르막길을 오르고, 강물을 건널 것이다. 그러니 미래는 우주 그 어디선가 날아오는 것이 아니라 어쩌다의 끝에 있을 것이 분명하다. 내가 걸어온 과거가, 지금 걷고 있는 현재가 미래로 안내해주는 길이 된다. '내일의 모든 꽃은 오늘의 씨앗에 근거한 것이다'는 중국 속담처럼 말이다.

미래의 나는 지금처럼 '어쩌다 금융업에 종사하게 되었고, 어쩌다 생산관리를 맡게 되었고 어쩌다 보니 지금 인사팀에 와 있다'고 제3자처럼 말해서는 안 된다. 이제부터는 원해서 만들어 가야 한다. 미래에 원하는 모습을 현재로 끌어 당겨 와야 한다. 그래야 원해서 만들어 갈 수 있다.

'나'에서 찾아라

지금 그리는 미래는 하고 싶은 일보다 '할 수 있는 일' 쪽에 더 가까워야 한다. 진지하게 봐야할 것은 과장된 성공 스토리가 아니다. 나 자신이다. 내가 잘하는 것, 내가 잘할 수 있는 것을 객관적으로 찾아내는 일이 먼저다. 나의 과거와 현재에서 찾아낼 수 있다.

또한 어떤 일에 가장 자신감이 있는지, 자신을 잊을 정도로 집중할 수 있는지를 알아내라. 뚜렷하게 알 수 없다면 대부분은 남들보다 속도가 빠르고 성취 만족감이 높은 일이 내가 잘하는 일이다. 예를 들어 문서 작성의 달인이라는 호칭을 붙여주었을 때 누구나 좋아하지는 않는다. 너무 사소한 일이라 생각할 수도 있고 시간 낭비라고 생각하는 사람도 있을 것이다. 하지만 자료를 만들 때 가장 몰입했으며 인정받는 것에 기분이 좋았고, 그런 선배를 닮고 싶었다면 그것이 바로 내가 잘할 수 있는 일이다.

타임 슬립 영화의 주인공들은 고군분투하며 미래의 과거, 현재를 바꾸기 위해 애쓴다. 현재의 나를 너무 쉽게 흘려보내지 마라.

미래와 만나라

과거와 현재, 미래를 오가는 시간 여행을 타임 슬립이라고 한다. 타임 슬립이라는 용어는 1994년 일본의 무라카미 류가 쓴 소설 〈5분 후의 세계〉에 처음 등장했다. 이후 시간을 넘나들며 더 나은 결말, 혹은 꼬여있는 과거를 바꾸기 위해 고군분투하는 소설, 드라마, 영화가 봇물처럼 쏟아졌다.

영화나 드라마처럼 미래와 먼저 만날 수는 없겠지만 내가 원하는 모습을 한 사람을 찾아 그들의 삶을 엿보는 건 어떨까. 신제품 개발에 성공한 상사, 영업의 달인인 상사, 전략분야의 대가, 증권사 CEO, 유명 디자이너 등 가깝게 만날 수 있는 상사에서부터 매스컴에 나오는 명사 모두 좋다. 다소 포장되고 과장되었다 해도 명사들의 인터뷰 기사를 보고 있으면 그들의 현재가 '어쩌다' 이뤄낸 결과는 아님을 알게 된다.

총명해 차장의 5학년 딸아이는 아빠 어깨 너머로 많은 명사들을 보면서 그들의 모습을 자신의 미래 목표와 자연스럽게 연결하였다. 쉽게 말해 반드시 '롤 모델'이 필요하다. 현실적인 인물이면 더 좋겠다. 현실적인 목표를 세우는데 도움이 되고 심적 자극이 된다.

성공할 목표로 시작하라

어릴 때 꿈이 무엇이냐고 어른들이 물으면 '과학자'라고 말했다. 과학자가 뭘 하는 사람인지 뭘 잘해야 하는지도 몰랐지만 그렇게 말하면 어른들의 표정이 밝아졌다. 친한 친구는 '중국집 사장'이 되어 짜장면을 매일 먹겠다고 했었는데 그럴 때마다 어른들의 반응은 한결같았다. "쯔쯧."

어른들은 말했다. '대통령'이 된다고 해야지 공무원이라도 하고, '과학자'라고 해야지 이공계 입학이라도 한다고. 일견 논리적인 이야기이긴 하지만, 세상에 이루지 못한 것은 첫사랑으로 족하다. 다가서지도 못할 높은 목표, 관심에도 없는 목표를 세우면 그 목표가 달성되지 못했을 때 겪어야 할 참담함까지도 함께 짊어져야 한다. 너무 쉽게 낙오자가 된다.

지킬 수 없는 거창한 일일 계획표를 세워 놓고 개학 전날 '난 왜 이렇게 실천력이 부족할까?' 하며 자책하는 수많은 대한민국 어린이들이 되진 말아야 한다.

처음의 목표는 성취 가능한 것이어야 한다. 영어 점수가 되었든, 독서가 되었든, 다이어트가 되었든 성공 체험을 해봐야 더 큰 목표와 만날 기회도 생긴다. 실천할 수 없는 목표는 달성 불가능의 감정상태, 무기력이 되고 이것이 반복되면 자기 평가절하가 된다.

후배 사원 중 하나는 입사 후 처음 목표가 10kg 감량이었다. 철저한 자기 관리를 통해 6개월 만에 약속한 10kg을 달성했고 3년 뒤에는 토익 900점을 넘었고 지금은 원하던 대로 작은 인사 컨설팅 회사의 사장이다. 20년 뒤에는 자신의 이름을 단 연수원을 짓겠다고 말했는데, 앞에서는 뒤통수를 날렸지만 마음 속에서는 '이 녀석은 그럴 수도 있겠다'는 묘한 믿음이 들었다.

A부회장은 천천히 작은 목표들을 달성하면서 큰 목표를 차근차근 쌓아 올렸고 B사장은 크고 원대한 목표를 세우고 현재를 재촉했다. 어떤 방법이 목표달성에 더 효과적일지는 사람마다 다를 것이다. 하

지만 중요한 건 목표는 짜릿한 성취감을 통해 더 크게 승화된다는 것이다.

눈에 보이게 해라

목표 달성은 달밤에 남몰래 소원 빌듯 해서는 안 된다. 마음 밑바닥의 욕구까지 끄집어내어 눈으로 볼 수 있게 구체적으로 표현해야 한다.

P사는 현장개선 목표를 게시판, 기계의 옆면에 대문짝만하게 붙였다. 한 달, 일 년치 목표가 아니라 매 시간마다 얼마큼 개선해야 할지를 명시했다. 그랬더니 불과 석 달 만에 목표치를 훌쩍 넘어섰다고 한다.

약 먹는 것을 자주 까먹는 사람은 냉장고에 '약'이라고 붙여 놓는다. 인간의 감각 기관 중 눈을 통해 받아들이는 인지력은 다른 기관들에 비해 월등히 높다. 목표는 마음이 아니라 눈에 보이게 해야 한다. 가능한 구체적으로 잘게 쪼개서 자신에게 가르쳐 주듯 대문짝만하게 붙여두는 게 좋다.

물론 다소 창피한 일이다. 너무 사소한 목표는 부족한 나를 드러내 보이는 것 같아서 부끄럽고, 지나치게 과감한 목표는 남들의 비웃음을 살까봐 두렵다. 그러나 중요한 건 남의 시선이 아니라 자기 설득이다. 눈에 보이게 하는 것은 남이 아니라 내가 보기 위함이다. 남들은 신경 쓰지 마라.

사회를 읽어라

인공지능의 발달로 20년 후에는 현존하는 일자리 3개 중 1개는 사라질 것이라 한다. 세계 바둑 챔피언인 이세돌 9단과 구글의 인공지능 바둑 컴퓨터인 알파고가 벌인 경기는 실로 충격적이었다. 1-4로 이세돌 9단이 패하면서 사람들의 마음속에는 인공지능에 대한 현실적인 두려움이 생겼다. 절대 일어날 것 같지 않은 만화, 영화 속의 일들이 현실이 되고 알게 모르게 인간의 삶을 간섭하기 시작한 것이다.

로봇 청소기, 무인 공장, 무인 자동차는 그저 인간의 삶을 윤택하게 하기 위한 보조적 수단이었지만 알파고의 등장은 또 다른 물음표를 던진다.

현재 7세 어린이 65%는 지금 현존하지 않는 일자리를 가질 것이라 한다. 살아남을 직업은 인간을 상대로 협상을 하거나 새로운 아이디어를 창출하는 직업이고 단순 행동을 반복하거나 다른 사람과 교류할 일이 없는 직업은 조만간 자취를 감출 것이라 한다. 금융업 종사자도, 선생님도, 수많은 회사원들도 일자리를 잃을 것이다. 지금 읽고 있는 이 책과 같은 종류의 저자들도 모두 필요 없어질 것이다. 너무 거시적인 고민이라고 멀리 던져두기에는 알파고의 승리가 너무 위협적이다.

10년 뒤에도 지금 하고 있는 일이 사회적으로 쓸모가 있을 것인지를 점쳐보자. 내 분야에서 최고가 되겠다는 목표는 내 분야가 존재할 때만 가능하다. 미래의 거창한 성공을 위해서라기보다 생존, 노후를 위함이다.

1년마다 되새겨라

부서에서 매년 연말에 마니또 게임을 했었다. 한 달간 마니또를 위해 열심히 활동한 뒤 한 자리에 모여 간단한 선물을 나누고 1년 뒤, 5년 뒤 달성하고 싶은 비전 카드를 쓰는 것이다. 비전 카드는 회사에서의 비전과 개인의 비전을 쓰게 되어 있다. 다 쓰고 나면 작은 상자에 담아 1년 뒤 개봉을 약속하며 열쇠로 채운다. 그리고 작년 상자를 꺼내 개봉한 뒤 지난해 적은 목표가 얼마큼 달성되었는지, 부족한 것은 무엇인지 이야기를 나누었다. 부서가 바뀐 사람에게는 작년의 비전 카드가 연말 카드로 배달되었다.

어느 날 책상 정리를 하다가 3년 동안 모아둔 비전카드를 우연히 발견했다. 당시에는 먼 나라 이야기 같았던 항목들이 최종 목표와 그럴듯하게 가까워지고 있는 것에 놀란 적이 있다.

목표는 한 번 세우면 영원히 변하지 않는 절대 불변이 아니라 1년마다 유효기간과 서비스를 갱신해야 하는 신용 카드다. 환경과 자신의 변화에 맞춰 과감하게 뺄 것, 수정할 것들에 손을 대야 한다.

입소문 내라

금연의 제1법칙은 입소문이다. 지키기 어려운 약속은 자신에게 백 번을 중얼거릴 게 아니라 타인에게 증인이 되어주기를 부탁하는 게 좋다.

가까운 동료, 상사에게 내가 하고 싶은 일, 미래의 목표를 끊임없이 반복해서 얘기해라. '나는 꼭 임원이 되고 싶다'든가, '나는 꼭 회계사 자격증을 따겠다'라든가, '주재원이 되고 싶다'든가 하는 목표를 크게 소리쳐라. 입 닫고 있으면 누구도 내가 가는 길에 꽃을 뿌려주지 않는다. 입소문은 기회를 물어다 준다. 어디선가 도움의 손길이 찾아온다.

입사 1년차의 아침

아침에 출근하자마자 김 대리님이 무언가를 시키신다.

막 일을 시작하려고 하는데 과장님이 부르신다.

과장님이 시킨 일을 받아서 자리로 가는데

상무님이 업무회의를 하자고 부서원을 모두 모으라고 하신다.

회의가 끝나고 자리에 앉자마자 김 대리님이 아까 시킨 일이

끝나려면 얼마나 걸리느냐고 물어보신다(아직 시작도 안 했는데).

이제 시작한다고 말하니 표정이 좋지 않다.

5초 뒤에 화를 낼 것이 분명해 바로 시작하려고 하는데

이 차장님이 15명이 들어가는 점심 식사 장소를 빨리

물색해 보라고 하신다.

지나가던 동기가 반갑게 인사하지만 웃음이 나오지 않는다.

점심까지 30분 남았다.

매번 일주일이 다르지 않다.

녹음하기, 받아쓰기, 고쳐 쓰기, 식당 예약, 짐 나르기로 하루를 보낸다. 입사를 한 게 아니라 비싼 옷 입고 아르바이트를 하고 있다는 생각까지 든다.

김 대리님은 말끝마다 '임원이 되라'고 하는데 도대체 이런 일을 하면서 어떻게 임원이 될 수 있는지 궁금하다.

마음이 너무 복잡하다.

직장인의 일기

입사 23년차의 저녁

나는 리더다. 아니, 정확하게 잘 모르겠다. 십수 명의 부하들이 있지만 그들이 마음으로 그렇게 생각하는지는 알 수 없다.

얼마 전 상무가 되었다. 100명이 입사하면 1명이 된다는 1% 승률의 자리에 오른 것이 스스로도 신기하고 기특하기만 하다. 조직도를 그리면 나보다 위에 있는 상사가 손에 꼽을 정도이니 꽤 많이 올라오긴 했나 보다. 하지만 가족들이 자랑스러워하고 책상이 커지고, 별도의 공간이 생기고, 새 차가 나오고, 나의 일정을 관리하는 사람이 생겼다는 걸 빼면 실질적인 변화는 크게 느껴지지 않는다. 어떤 기사를 보니 임원이 되면 100가지가 넘는 처우가 개선된다고 하는데, 그것도 잘 모르겠다. 업무도 크게 차이가 없다. 권한보다는 책임이 더 늘어난 것도 같다.

축하 인사를 받으면서도 기쁨보다는 걱정이 앞선다. 얼마 전 평소 믿고 따르던 김 상무님이 책상을 정리했다. 입사했을 때 나를 수시로 불러대던 김 대리님으로 수십 년을 함께하며 미운 정 고운 정이 쌓였는데 제대로 된 이별 인사를 나눌 시간도 없었다. 신입사원 때 '회사원의 길을 택했다면 심적 결승점인 임원의 자리에 오르라'는 충고를 수시로 했던 분이다. 시간을 가지고 찾아뵐 생각이지만 하루하루가 전쟁 치르듯 흘러가니 그마저도 언제가 될지는 모르겠다. 김 상무님은 나와는 비교할 수 없을 정도로 전문적인 지식과 폭넓은 네트워크를 가지고 있고 열정적인 사람인데 3년이라는 짧은 임원 생활을 마친 것을 보니 임원의 자리가 마냥 즐겁지만은 않은가 보다.

축하 인사를 받고 감사의 인사를 마무리한 후 어제부터는 신임 임원 교육을 받고 있다. 첫 시간은 '경영리더의 조건'이라는 주제로 친근한 선배 임원이 강사로 나왔다. '선견력, 경영 안목, 인재 육성, 글로벌 감각, 도전 정신, 비전 제시, 책임감, 추진력, 폭넓은 안목, 신뢰구축' 등 10가지의 역량을 갖춰야 한다고 침을 튀겨가며 이야기한다.

10가지 항목을 자세히 보니, 이런! 이건 거의 신의 경지다. 어릴 때 읽은 위인전에서도 이런 사람을 찾기는 힘들 것 같다. 하루하루가 살얼음판이고 실적압박의 스트레스에, 느려터진 부하들을 재촉해 이끌고 가야 하는데 이런 역량까지 갖춰야 한다니? 견적이 안 나온다. 선배 임원들도 과연 이 단어들을 이해하고 말하는지 의심스러울 정도다.

하루 종일 회의하고 현장을 돌아다니고 부하들을 호통치다가 모처럼 자리에 앉아 강의를 들으려니 몸이 천근만근이다. 남의 말을 듣는 것이 이렇게 어려운지 처음 알게 되었다. 그동안 부하들이 나의 긴 잔소리를 들으며 얼마나 지겨웠을지, 부하들이 이야기할 때 조금 더 귀를 기울여야겠다는 반성이 살짝 든다.

점심을 먹고 졸음을 참기 위해 인터넷 검색을 해본다. 이런저런 키워드를 넣고 서핑을 하다 보니 좀 전에 강사가 얘기한 내용과 비슷한 것이 잡힌다. 《그들은 어떻게 임원이 되었을까》라는 책에서 실시한 대한민국 100대 기업 임원 25인을 대상으로 한 설문조사 결과다. 임원이 된 성공 비결로 25인은 '리더십, 열정, 추진력, 뛰어난 전문지식, 원만한 인간관계, 성실성, 폭넓은 네트워크, 믿을 만한 사람이라는 평판, 논리적이고 설득력 있는 언변, 뛰어난 외국어 실력'이라는 10가지 항목을 꼽았다.

음, '성실성'이면 나도 자신 있는데. '논리적이고 설득력 있는 언변이나 뛰어난 외국어 실력'은 입사 때부터 약점이어서 오랫동안 노력하며 개발해 왔으니 다행이라는 생각이 들었다. 그러다 오전에 배운 '경영리더의 10대 역량'과 임원 25인의 설문조사 결과를 옆의 '임원의 자격'처럼 비교해 보았다.

뚫어지게 쳐다보고 있으려니 재미있는 게 보인다. 회사는 비전 제시, 부하 육성 등의 역량을 강조하고 있는데 임원 스스로는 언변, 외국어 실력 등 개인의 역량으로 임원이 되었다고 생각하고 있었다.

어라, 뭔가 좀 다르네. 임원은 개인의 역량으로 되지만 훈장을 채워줬으니 앞으로는 부하, 조직의 성장을 위해 애쓰라는 뜻인가? 그래서 곰곰이 생각해보았다.

부하 때는 시키는 일만 열심히 하면 그만이었다. 일을 하며 인간관계도 넓힐 수 있었고 실전 경험을 통해 어학도 향상시킬 수 있었다. 고객에게 첫 프레젠테이션을 하며 스피치의 중요성을 느꼈고 관련

임원의 자격

	S기업의 '경영리더의 조건'	대한민국 100대 기업 임원 25인 설문조사
1	선견력	리더십
2	경영 안목	열정
3	인재 육성	추진력
4	글로벌 감각	뛰어난 전문지식
5	도전 정신	원만한 대인 관계
6	비전 제시	성실성
7	책임감	폭넓은 네트워크
8	추진력	믿을만한 사람이라는 평판
9	폭넓은 안목	논리적이고 설득력 있는 언변
10	신뢰 구축	뛰어난 외국어 실력

교육을 듣고 연습하니 지금은 중간은 가는 것 같다. 지금도 열심히 관련 책을 읽고 있다.

임원이 된 것은 당연한 시간의 결과라는 생각이 든다. 모든 것이 나의 성과와 연결되어 있으니 열심히 할 수밖에 없는 일들이었다. 하지만 회사가 원하는 경영 안목, 비전 제시, 부하 육성과 같은 항목은 이제껏 별로 노력해본 적도 없고 예전 상사들에게서도 찾아보기 힘든 모습이다. 내가 기억하는 상사들은 지시하고 통제하고 관리하고 감독하는 사람들이었다. 대화보다는 명령, 토론보다는 주로 전달을 했다. 우리는 그렇게 어려운 환경에서 살아남기 위해 버텼는데, 나보고는 부하 육성을 위해 노력하라니, 그러면 성과는 언제 낼 것이며, 결국 나 역시 3년 안에 자리를 정리해야 하는 것 아닌가 하는 반발심이 들었다. 턱도 없는 소리! 그런 생각을 하며 잠이 들었다.

교육 이틀째. 오늘은 리더십 시간이다. 전문 강사가 들어오기 전 인터넷에 '리더십'이란 글자를 쳐보았다. 엄청나게 좋은 말들이 쏟아져 나온다. 그런데 얄밉도록 말끔한 외모의 강사는 대뜸 리더십은 '내가 이루고 싶은 것을 그들이 원해서 하도록 만드는 기술'이라고 정의 내린다. 아이젠 하워가 한 말이라는데, '원해서 하도록 만드는 기술?'

참으로 애매모호한 말장난 같다는 생각이 들었다.

그러다 문득 어제의 일이 떠올랐다. '원해서 하도록 만드는 기술'이란 혹시 비전, 육성, 안목… 뭐 이런 걸 말하는 건가? 직접 나서지 않고도 방향을 일러주고 격려하고 성장시키는 것을 말하는 건가? 그럼 그런 리더십을 발휘하면 진짜 리더가 되고 성과를 보장받을 수 있는 건가? 고민하고 있는데 강사가 말을 덧붙인다.

"임원은 실무자가 아닙니다. 리더죠. 배의 방향과 운명을 결정하는 선장입니다. 임원이 실무자처럼 행동하면 조직은 명령과 통제 이외의 언어에는 반응하지 않습니다. 내게는 없는 능력을 가진 부하들을 잘 활용하시기 바랍니다. 활용하려면 먼저 성장시켜야 하고 기회를 주어야겠죠. 부하가 똘똘해지면 리더는 저절로 훌륭해집니다. 결국 리더십은 내게로 오는 지름길이죠."

아뿔싸. 그런 선순환의 법칙이 있을 줄이야. 그러자 과거 탁 상무의 모습이 떠올랐다. 탁 상무는 조직이 준 절대 권력에 기대어 자신의 강함을 끊임없이 증명해보이려고 했다. 지금의 나보다 훨씬 더 똑똑했고 많은 사람을 알고 있고 열정적이었는데 나를 포함해서 많은 부하들이 탁 상무에게서 벗어나기 위해서라면 무슨 일이든 할 기세들이었다.

강사는 마지막으로 이런 말을 남겼다.

"지금 불안하실 겁니다. 내가 이 자리에 있어도 되는 사람인가, 하는 가면 증후군에 시달리기도 하시겠죠. 어떤 분은 더 빨리 올라가는 방법을 찾기 위해 눈이 빨개지실 겁니다. 어떤 사람이 자리에 오르느냐보다 더 중요한 것은 그 자리에 올라 어떠해지느냐 입니다. 조금 부족한 상태에서 자리에 오른 사람이 더 좋은 리더가 되기도 하고 기대했던 인물이 실망감을 주는 경우도 있습니다. 바로, 자리를 바라보는 시각의 차이 때문입니다. 무늬만 리더인 사람이 되지 않기 위해서는 자리를 권력이 아닌 가치로 생각하고 부하들을 바라보십시오."

교육이 끝날 때쯤 생각했다. 만약 과거의 나와 만난다면 말해주고 싶다. 조금 더 일찍 리더를 준비하라고. 그래서 진짜 리더의 자리에 올랐을 때 업무의 최고 전문가로, 의사결정의 꼭지점이자 나와 부하, 조직, 더 나아가 세상을 이롭게 하겠다는 원대한 꿈을 실현하는 진짜 리더가 되라고.

머지않은 미래에 언젠가 상사가 된다. 시간에 밀리든 남들보다 뛰어난 실력을 인정받든 상사가 되는 것은 선택이 아닌 필연의 일이다. 그런데 많은 부하들이 아무 준비 없이 상사가 되고 현재의 상사와 별반 다를 것 없는 모습으로 리더의 자리에 앉는다. 리더십은 하루아침에 완성 되지 않는다. 태어나는 순간, 입학하는 순간, 입사하는 순간부터 시작한다. 그날을 생각하며 대신 상상력을 발휘해보았다.

에필로그

버티거나, 달려들거나

귀띔

책을 쓴다는 소식에 친한 회사 친구가 그랬다. 이제껏 잘해왔으면서 왜 굳이 궂은 말들로 스타일 구기고 오해를 사려 하냐고. 책 쓰는 일의 반 정도를 지나고 있을 무렵이었는데, 그 말을 들은 날부터 원래 뭘 쓰기로 했었는지 도무지 기억이 나질 않았다.

그래, 사회생활이란 게 유전자 DNA와 같아서 각자의 상황이 다르고, 내가 하면 로맨스, 남이 하면 불륜이라는 지극히 자기중심적 이유들이 많은데, 40~50년도 아니고 21년짜리 성적표를 들고 무슨 말을 할 것이며, 그 말들 중에 제대로 살아 움직일 만한 것들이 무엇일까. 그런 자괴감이 들었다.

그렇게 손 놓고 한 달, 두 달, 석 달이 흘렀다.

그런데 문득 이런 생각이 들었다. 무엇이 좋아지는 것도 무엇이 나빠지는 것도 하루아침에 되는 건 아니다. 마음이 아무리 용광로 같아도 당장에 세상을 녹일 순 없고 먹구름 뒤에 태양이 숨어 있다는 것도 누군가 귀띔이라도 해줘야 참고 기다릴 수 있다. 크레파스로 공간을 메울 때는 비어있는 곳을 채우기만 하면 될 줄 알지만 완성된 그림을 들고 멀리서 바라보면 '그래, 선만 둘걸 그랬다' 싶은 마음이 들기도 한다. 아쉬움을 느낄 때는 이미 많은 시간이 흘러버린 뒤다.

나 역시 그랬다. 직장에 다니는 것이 무슨 하늘에서 위대한 임무를 부여받는 것인 양 코피까지 흘려가며 열심히 색칠을 해댔다. 그런데 21년이 지나 보니 한쪽은 색깔이 너무 진하고 한쪽은 얼룩이 심하고 한쪽은 밑그림조차 완성되어 있지 않았다.

그렇게 모양새 빠지는 그림을 그리자고 죽자 살자 달려들었나. 중간 중간 멀리보기만 했어도 되었는데, 왜 그렇게 늙은 영감처럼 돋보기만 끼고 앉아 있었나 하는 생각이 들었다. 그러나 이내, 사람들이 못생긴 그림이라고 손가락질해도 시간이 흐르면 명화로 그 가치를 인정받을 수 있을지 모른다는 자기 위안이 피어올랐다. 그래서 귀띔해주기로 했다.

증명

시간은 인간에게 주어진 가장 공평한 자산이라고 말한다. 아니, 시간만큼 상대적인 가치가 또 있을까. 애초 시간은 무한히 계속될 것 같은 아득한 소실점과 같았다. 영리한 인간은 그 무한성을 한 시간, 두 시간, 오늘, 내일, 한 달, 일 년이라는 양적 개념으로 바꾸었다. 유한성을 만든 것이다.

그런 영리함 탓에 인간은 죽음에 대한 공포, 존재의 의문 같은 본질적 문제보다 오늘과 내일에 갇혀 지내는 신세가 되었다. 바쁘다는 말을 입에 달고 살고 한 달 뒤 닥쳐올 승격 발표에 온 신경이 집중되고 상사의 가시 돋친 말에 또다시 술잔을 기울이고 만다. 시간을 도둑맞았다.

사람에게 있어 가장 벗어나기 힘든 유혹이 바로 시간이다. 오늘이 아니면 죽어도 안 될 것 같은 불안감, 그래서 우리는 영문 없이 바쁘다. 나 역시 몹시 바빴다. '아니다'라는 것을 증명하기 위해서였다. 나는 능력이 없지 않고, 나는 성격이 모나지 않았고, 나는 불성실하지 않다고. '아니라는 것'을 증명하는 일은 참으로 많은 시간을 필요로 했다.

지금은 '맞다'는 것을 증명하기 위해 조금 여유롭다. 남들이 어떻게 생각할지 앞서 고민하는 일은 없어졌다. 나를 포장하고 싶은 욕심도 없다. 어림잡아 아는 척하던 버릇도 없어졌다. 괜찮은 사람으로 보여야 한다는 강박관념도 버렸다. 그저 나만 바라본다.

앞으로 '맞다'는 것을 증명하는 데 시간을 나누길 바란다. 당장의 일에 조바심 내면 정작 봐야 할 것들은 차창 밖으로 흘러간다. 인생의 더 큰 목표, 꼭 지켜내야 할 자존감 같은 소중한 것들을 엿 바꿔 먹듯 함부로 현재와 거래하지 않길 바란다.

주머니 속 송곳

주머니 속의 송곳(낭중지추, 囊中之錐)이 되었으면 한다. 주머니 속의 송곳은 아무리 감추려 해도 삐져나온다. 남들이 넘볼 수 없는 실력, 강하면서도 부드러운 리더십, 타인의 마음을 삽시간에 사로잡는 말솜씨. 어디에서든 유쾌한 주도권을 가진 사람이 되어 세상을 향해 한 방 크게 날리길 기대한다.

우리의 기차는 앞으로 더 많은 역을 지날 것이다. 많은 사람들이 타고 많은 사람들이 내릴 것이다. 어쩌면 때때로 고장으로 멈춰 설지도 모르겠다. 그러나 결국 종착역에 다다를 것이다. 그러니 여유롭게 여행을 즐기길 바란다. 차창 밖 멋스런 풍경도 쳐다보고 삶은 계란도 까먹고 도시락도 사먹으면서 말이다.

무엇보다 찬바람 부는 겨울에 호호 불어 먹는 보리 찐빵처럼 풍요로운 사람이 되길 바란다. 꼼수에 능한 젊은이는 비싼 돈 주고도 속은 느낌이 드는 맛없는 케이크다. 옆에 탄 사람은 어떤 사람인지, 내릴 역을 지나치고 있는 건 아닌지, 허기진 건 아닌지, 나누고 빼는 셈법도 익혔으면 한다. 송곳은 그렇게 만들어진다.

선택

시지프스는 산꼭대기의 바위가 내려오면 다시 굴려 올리는 '무의미'란 형벌을 받았다. 누구나 처음에는 주어진 일을 한다. 하지만 누구는 그저 벽돌을 쌓고 있고 누구는 그럼으로써 처자식을 먹여 살리고 누구는 모든 사람들이 소중한 이를 위해 기도할 수 있는 성당을 만들고 있다고 말한다.

무엇이든 자신의 일로 만들어 가길 바란다. 그래서 나를, 회사를, 시간을 올바르게 이기길 바란다. 어설프게 젊었던 나보다, 아직 늙어보지 못한 당신들의 미래를 응원한다.

버티거나, 달려들거나 선택만 남았다.

직장인의
감정수업

1판 1쇄 발행 2016년 4월 13일
1판 3쇄 발행 2018년 3월 29일

지은이 이주희

발행인 양원석
본부장 김순미
디자인 RHK디자인연구소 현애정
해외저작권 황지현
제작 문태일
영업마케팅 최창규, 김용환, 양정길, 정주호, 이은혜, 신우섭,
유가형, 이규진, 김보영, 임도진, 김양석, 우정아

펴낸 곳 ㈜알에이치코리아
주소 서울시 금천구 가산디지털2로 53, 20층(가산동, 한라시그마밸리)
편집문의 02-6443-8916 **구입문의** 02-6443-8838
홈페이지 http://rhk.co.kr
등록 2004년 1월 15일 제2-3726호

ISBN 978-89-255-5899-8 (03320)